ANTHOLOGIE
DE LA NON-DUALITÉ

VÉRONIQUE LOISELEUR

ANTHOLOGIE DE LA NON-DUALITÉ

présentée par Arnaud DESJARDINS

LA TABLE RONDE
40, rue du Bac, Paris 7ᵉ

© Éditions de La Table Ronde, Paris, 1981.

On m'a demandé souvent lequel de mes livres il fallait lire en premier ou encore : « Si je ne peux lire qu'un seul de vos livres, lequel me conseillez-vous ? » Maintenant je sais quoi répondre : « *Lisez* l'Anthologie de la non-dualité composée par Véronique Loiseleur. »

Vous y entendrez les sages et les saints d'autrefois comme ceux d'aujourd'hui, les maîtres bouddhistes comme les mystiques chrétiens. Des voix différentes mais une même vérité proclamée d'âge en âge et de l'Orient à l'Occident. Je songe à trois vers des « Phares » de Baudelaire :

> « *C'est un cri répété par mille sentinelles,*
> *Un ordre renvoyé par mille porte-voix,*
> *C'est un phare allumé sur mille citadelles...* »

Et pourtant, le thème de ce livre — *l'acceptation ou adhésion à ce qui est* — ne manquera pas de soulever des réactions. L'acceptation est en effet très proche de l'attitude religieuse de soumission à la volonté divine. Et c'est parce que cette soumission à la volonté de Dieu fait partie de notre patrimoine, de notre héritage culturel européen — même si la religion n'a plus aujourd'hui le rayonnement qu'elle avait aux XIIe et XIIIe siècles — que nous risquons d'interpréter cette attitude à travers les souvenirs désagréables qu'a pu nous laisser une éducation religieuse. Ou nous pouvons adhérer à

II

la critique marxiste, par exemple, qui voit dans la religion une exploitation et une aliénation, quand ce n'est pas un instrument de domination d'une classe sur une autre: demander aux uns et aux autres d'accepter leur sort sous prétexte qu'ils seront récompensés au Ciel peut être un magnifique moyen d'asservissement.

Mais notre environnement culturel n'est pas seul responsable des refus que soulèvent en nous les termes d'acceptation ou de soumission à Dieu. Dans nos souvenirs d'enfance, l'acceptation, que ce soit celle de l'autorité des parents ou des maîtres ou encore l'acceptation d'événements fâcheux, est associée non pas à une idée de bonheur mais à une idée de frustration. Par réaction, nous croyons trop souvent que nous trouverons le bonheur dans une affirmation personnelle. Toutes les Traditions nous promettent également le bonheur et pourtant l'attitude spirituelle ou religieuse, qu'elle soit chrétienne ou hindoue, n'est pas l'attitude ordinaire de l'homme qui s'affirme dans sa volonté propre, dans son ego, dans son indépendance et sa façon subjective de voir les choses. La vraie spiritualité est centrée dans cette attitude de soumission. Le mot Islam lui-même est un mot arabe qui signifie soumission et c'est le nom que Mohammed a choisi pour désigner l'enseignement qu'il apportait. En Inde, dans l'anglais des ashrams, on réentend jour après jour cette expression: « complete surrender », reddition complète à la volonté de Dieu, parfois aussi aux directives du gourou. Ceux que cette autorité du gourou indigne oublient que dans la Règle de saint Benoît — qui anime non seulement les bénédictins mais aussi les cisterciens — le moine abandonne également sa volonté propre et se remet entre les mains de l'Abbé qui représente l'autorité du Christ.

L'acceptation suppose bien une soumission, soumission à l'harmonie universelle, à l'ordre cosmique, à la volonté de Dieu mais cette soumission n'a pas d'autre finalité que de nous faire découvrir ce bonheur auquel nous aspirons et que nous n'avons pas réussi à trouver jusque-là. Et c'est seulement quand un homme a des doutes sérieux sur sa capacité à trouver ce bonheur, quand il commence à se défier de lui-même et de la façon dont il mène son existence, qu'il devient capable d'entendre un enseignement nouveau, parfois étonnant, qui contredit complètement ses habitudes mentales.

Certains, soit comme une aberration, soit comme une suprême sagesse, ont considéré que cette acceptation devait être absolue, et que tout devait être remis entre les mains de Dieu. Quand Swâmi Ramdas vivait cette vie de « fou de Dieu » qu'on appelle en Inde « God intoxicated », marchant sur les routes en répétant inlassablement le nom de Ram, il n'aurait rien fait de sa propre initiative pour se soigner s'il était tombé malade, s'en remettant totalement à la volonté de Ram pour la suite de sa maladie. Cette attitude extrême, qui est celle du sannyasin ayant entièrement renoncé au monde, n'a jamais été l'attitude demandée à la totalité d'une société, même une société imprégnée de religion, que ce soit le Christianisme ou l'Hindouisme. Qui est d'ailleurs capable d'une telle attitude qui nous paraît anormale, étrange? A la limite, nous voulons bien admettre que, dans certains cas, chez certains mystiques, un tel comportement soit possible. Mais nous savons bien, si nous sommes réalistes — même si nous sommes touchés par cette exaltation mystique, cette folie de l'Absolu — que cette attitude extrême ne nous concerne pas vraiment, qu'aucun d'entre nous ne fera immédiatement ce saut dans l'abîme.

Pour nous sentir concernés, il faut que ce thème de l'acceptation soit très clair et concret: il y a toute une gamme d'attitudes possibles, depuis l'adhésion totale — j'accepte, je suis un avec le cours des événements, j'abandonne tout, je m'abandonne moi-même, « surrender », reddition complète absolue, entre les mains de Dieu ou au mouvement universel — jusqu'à l'attitude ordinaire — c'est moi qui porte le fardeau de mon destin, je me bats, je refuse, je critique, je modifie, j'interviens, je décide.

Une petite histoire survenue à l'ashram de Mâ Anandamayî, la célèbre sage hindoue contemporaine, illustre l'attitude relative qui peut être la nôtre: une dame européenne qui s'était beaucoup réjouie d'aller en Inde et de séjourner quelque temps auprès de Mâ Anandamayî se trouve malade sitôt arrivée auprès de celle-ci. Effondrée, elle se plaint à Mâ Anandamayî: « Je suis malade, j'ai beaucoup de température. » Mâ Anandamayî toute souriante répond: « C'est la volonté de Dieu. » Et la dame fait une grimace, pas du tout rassérénée ni apaisée par cette réponse. Puis Mâ Anandamayî prend un temps et ajoute: « C'est aussi la volonté de Dieu

IV

qu'il y ait à côté d'ici un très bon médecin, bien connu de l'ashram, que vous pouvez aller voir de notre part. » Voilà l'attitude hindoue, qui n'est pas celle du sannyasin: c'est la volonté de Dieu que vous soyez malade, certainement, mais c'est aussi la volonté de Dieu qu'il y ait un médecin, et que vous puissiez vous faire soigner. Une action vous est possible pour modifier le cours des événements. Si vous réussissez à modifier le cours des événements, vous pouvez considérer que c'est la volonté divine, si vous ne réussissez pas, malgré vos efforts à modifier le cours des événements, la Vérité (ou la Réalité) est là et nulle part ailleurs. Mais, si ce langage religieux ne vous convient pas, s'il vous semble pouvoir être la porte ouverte à l'infantilisme, à la superstition et prêter le flanc à toutes les critiques que les marxistes, les existentialistes, les psychanalystes ont adressées au phénomène religieux, il est possible de s'appuyer sur un langage rigoureusement scientifique : C'EST; pas ce qui devrait être, mais ce qui est, ici et maintenant. Et c'est uniquement à propos de la durée ou de la continuité de la situation qu'un élément de confusion peut intervenir. Ici, maintenant, dans l'instant, C'EST. De cela au moins nous sommes certains, il ne peut y avoir aucun doute sur ce point-là. Il faut reconnaître l'aberration pathologique qui consiste à refuser que ce qui est soit. Nous n'avons pas à nous préoccuper de savoir ce qu'il en sera dans une seconde; juste ici, juste maintenant, c'est. Je suis un avec la situation, je dis oui à la situation, j'adhère, je ne crée pas de conflit, je ne superpose pas ce qui devrait être sur ce qui est. Mais est-ce que l'acceptation qui nous est demandée, à nous — pas celle qui est demandée au sannyasin — implique l'acceptation d'une situation qu'en fait nous pourrions changer? Et là, nous abordons un thème nouveau: quand intervient le problème de l'action, de notre possibilité d'intervention sur le cours des événements, il y a toute une marge d'interprétations possibles de l'acceptation et cela devient uniquement une question de cas personnel.

Deux points doivent donc être distingués. Premier point: il y a une certaine acceptation, ou adhésion, ou non-création d'un autre que ce qui est. Ce premier point n'admet aucune nuance et aucune exception, il doit être tranchant comme une épée aiguisée, dur comme le cristal. Si nous admettons des souplesses, des accommo-

dements, des compromis, c'est fini, le chemin spirituel s'arrête.

Le deuxième point, qui peut également entrer sous ce vocable d'acceptation, est beaucoup plus nuancé et ne devient clair que peu à peu, à travers les mois et les années : c'est celui de l'action qui se situe dans un climat de réconciliation, l'action que l'on accomplit à partir de l'attitude fondamentale du oui. Et en ce qui concerne l'action, il est impossible de donner une réponse toute faite, valable pour tous quelles que soient les conditions et les circonstances.

L'adhésion, la non-dualité qui ne tolère aucune discussion, c'est celle qui s'accomplit ici et maintenant, sans aucune considération du futur : C'EST, mais uniquement dans l'instant. Et c'est ce « dans l'instant » qui fait toute la différence et nous permet d'accepter que ce qui est soit : immédiatement « oui », et ce oui doit être total. C'est ce oui qui est notre vraie liberté. Notre grandeur, notre dignité, notre espérance, c'est cette capacité que nous avons d'adhérer totalement à l'instant, sans nuance, même si nous nous trouvons dans des circonstances qui nous semblent peu propices à l'acceptation. Sinon, nous opérons un retrait, un recul, nous pensons : « Ça ne devrait pas être. » Mais l'adhésion dont je parle n'implique aucun engagement pour l'avenir. Nous ne savons pas ce que sera le jour suivant, nous ne savons pas si la situation qui nous paraît si critique ne va pas brusquement se dénouer — ça arrive — auquel cas tous nos soucis auront été vains. Nous ne savons pas si la situation qui nous paraît heureuse ne nous amènera pas des déboires, et si la mauvaise nouvelle qui nous étreint maintenant ne se révélera pas, un an, ou huit jours, plus tard, comme une bénédiction. Si nous commençons à être un peu moins identifiés et emportés par les émotions, à prendre un peu conscience de notre existence, nous ne pouvons pas ne pas constater la puissance de nos pensées, de notre imagination — autrement dit du « mental » — pour brouiller tout à fait inutilement les cartes que nous avons en main. C'est le mental qui, à partir d'un fait, tire des conclusions pour les minutes ou les jours qui suivent. C'est le mental qui décide qu'une nouvelle est bonne ou qu'une nouvelle est mauvaise.

Si nous ne quittons pas le domaine rigoureux du C'EST, ici et maintenant, nous pouvons envisager celui qui en découle tout naturellement, celui de l'action qui ne prend son sens que si le premier point, c'est-à-dire l'adhésion au réel, est absolument clair. L'avenir reste ouvert, l'action nous demeure. Quelle action ? En posant cette question, nous nous engageons dans une autre démarche qui ne peut plus être décrite en quelques mots et qui, elle, admet les doutes et nécessite une clarification progressive avec l'aide d'un maître. A cet égard, il est impossible de donner une formule générale applicable à tous. De quelle manière vais-je essayer d'infléchir l'avenir ? Où est-ce que j'ai raison ? Où est-ce que je me trompe ? Quelles sont les conséquences de mes actions ? Qu'est-ce qui me rend heureux ? Qu'est-ce qui ne m'apporte pas le bonheur ? Qu'est-ce qui va me faire progresser sur le chemin de l'effacement de l'ego, de la paix immuable, de la réalisation de l'Absolu ? Quelles sont les motivations de mes actions ? Mes peurs, mes désirs ? Comment est-ce que je fonctionne ? Qu'est-ce qui me pousse à agir ? Est-ce que mes actions sont des actions ou des réactions ? Existe-t-il une action plus juste que les autres et qui me fera progresser ? Et nous nous trouverons encore un certain temps dans le doute ; il ne faut pas espérer une réponse immédiate mais être patient et persévérant : c'est l'ensemble du Chemin de la sagesse qui nous conduira peu à peu à cette action juste.

L'attitude religieuse s'exprime d'une manière bien simple : « Que la volonté de Dieu soit faite et non la mienne. Qu'est-ce que maintenant Dieu attend de moi ? Puissé-je faire non pas ma volonté mais la volonté de Dieu. » Et chez le chrétien convaincu, chez celui qui consacre son existence à réfléchir à l'enseignement du Christ et à essayer de le mettre en pratique, cet état de prière produit des fruits, indiscutablement. Il existe aussi, dans le Christianisme, une purification, qu'on appelait purgation des passions, c'est-à-dire des émotions, des demandes, des craintes, tout un enseignement ascétique et mystique de l'effacement de l'ego qui permet de sentir peu à peu quelle est la volonté de Dieu. Mais le risque existe d'interpréter comme volonté de Dieu ce qui est seulement celle de notre inconscient, des impressions anciennes qui se sont gravées en nous et de toutes sortes de mécanismes psychiques. On en arrive alors à des aberrations car tout peut être justifié comme volonté de Dieu. Et pourtant il n'y a pas de doute que, chez certains êtres au moins, *cette attitude de prière a donné des résultats réels et a transformé des existences.*

Il est également possible d'utiliser un autre langage qui n'est plus religieux et de se demander : qu'est-ce que la situation exige de moi, quelle est la justice ou la justesse de cette situation ? Qu'est-ce qui doit être accompli ? Il existe en effet une justice de la situation ou un acte parfait dans le relatif. Il n'est pas question d'actes parfaits dans l'absolu : ce sont uniquement des rêves qui nous permettent de fuir la réalité. Notre vérité, c'est : « A moi, tel que je suis avec mes caractéristiques individuelles, qu'est-ce qui m'est demandé ? » En tant que personnes insérées dans le relatif, nous sommes et nous serons toujours limités. L'action parfaite n'est pas une action parfaite imaginaire, c'est une action parfaite pour nous, aujourd'hui, dans nos limitations.

Mais nous n'avons aucune chance de découvrir cette action parfaite si le premier point — celui de l'adhésion à ce qui est, ici et maintenant — n'est pas maîtrisé, si nous sommes en conflit avec la réalité. L'adhésion à ce qui est fait disparaître les formes les plus grossières du mental, de l'émotion qui nous aveugle complètement et nous mène comme une marionnette dont on tire les fils. Et une certaine possibilité de choix plus conscient, plus délibéré s'ouvre devant nous. Sous le coup de l'émotion, nous ne sommes plus qu'une machine, nous ne savons pas ce que nous faisons, nous sommes menés par des chaînes d'actions et de réactions. L'adhésion à ce qui est fait disparaître l'émotion, elle nous situe dans le monde réel, elle nous permet d'envisager ce qu'on peut appeler action et non plus réaction. Un certain choix nous devient alors possible : Qu'est-ce qui est juste ? Et pas seulement qu'est-ce qui est juste du point de vue des bonheurs ordinaires de mon ego, mais qu'est-ce qui est juste pour me faire cheminer vers cet état au-delà de l'ego, cette découverte du Royaume des Cieux, cette béatitude infinie, cet infini, cette éternité promis par tous les sages. Qu'est-ce que je dois accepter, dans l'autre sens du mot accepter, c'est-à-dire le sens qui se projette sur le futur ? Le mot acceptation prend un sens tout différent dans ce contexte. Accepter ne veut pas dire ne pas agir, c'est accepter sans émotion le fait brut — ce qui est.

En regardant nos existences, il est possible de voir à quel point l'action, même peu émotionnelle, est sujette à caution. J'ai voulu une chose, je l'ai accomplie, je m'en suis mordu les doigts. Pas toujours, bien sûr, mais si souvent. Une immense demande se lève alors en nous : « Je n'ai plus confiance en moi pour décider, je suis mené par mes craintes, mes mécanismes, mes motivations inconscientes. Qui pourrait vraiment me dire ce qui doit être fait ? » Nous retrouvons une attitude de prière, une attitude religieuse : si je pouvais vraiment sentir quelle est la volonté de Dieu... Et l'ensemble du chemin nous amène à sentir, d'une façon qui devient de plus en plus certaine, ce qui doit être accompli. L'effacement de l'ego, qui commence par la disparition des émotions, fait pour nous ce miracle : nous sommes guidés de l'intérieur en toute certitude. Nous n'avons alors aucun trouble avant l'action, aucun trouble pendant l'action, aucun trouble quels que soient les résultats de l'action. Nous nous sentons portés par le courant même de la vie et c'est cette bénédiction merveilleuse entre toutes qui peut être exprimée en termes religieux : « Ce n'est plus moi qui vis, c'est le Christ qui vit en moi. » Au moment où je me suis entièrement perdu — en tant qu'ego — j'ai tout gagné.

Jusqu'à ce que nous découvrions notre chemin, nous sommes emportés ; ensuite nous nous levons intérieurement et nous portons le poids de notre existence ; et enfin nous sommes portés. C'est le but ultime : nous sommes complètement libérés du fardeau de l'action, absolument en paix, non concernés. L'action s'accomplit d'elle-même, en toute certitude. C'est ce qui doit être accompli. Nous n'avons plus à intervenir. Autrement dit au départ nous n'avons aucun choix, ensuite nous avons un choix, et nos réactions deviennent des actions ; et enfin de nouveau, nous n'avons pas d'alternative : nos actions deviennent simplement la réponse à la demande de la situation. Celui qui fait la volonté de Dieu n'a plus de dilemme, il n'y a que la volonté de Dieu, ici et maintenant, qui lui soit possible. C'est la suprême liberté intérieure. Nous sommes libres au moment où nous n'avons plus d'autre option que la réponse juste : l'esclavage complet à la nécessité, c'est intérieurement la liberté parfaite.

Si imparfaits que nous soyons par rapport à des images extraordinaires de sainteté que nous portons dans le cœur et dans l'in-

conscient depuis notre enfance, nous sommes appelés à une action parfaite, pour nous, tels que nous sommes, et c'est cela la spontanéité. Nous pouvons dès aujourd'hui accomplir de petites actions toutes simples non pas mécaniques et impulsives mais libres et spontanées, comme la réponse juste à la demande de la situation, jusqu'à ce que toute l'existence ne soit plus qu'adhésion permanente, liberté permanente, « joie qui demeure » et « paix qui dépasse toute compréhension ».

Arnaud DESJARDINS

Première partie

NOTE AU LECTEUR

Toutes les phrases imprimées en petites capitales ont été soulignées par l'auteur.

Par ailleurs, le lecteur trouvera à la fin de chaque chapitre la liste des références s'y rapportant.

LA NON-DUALITÉ MÉTAPHYSIQUE

> Dans l'homme existent un amour, une douleur, une inquiétude, un appel, de sorte que s'il possédait les cent mille univers, il ne pourrait trouver le calme et le repos (1).
>
> RÛMÎ

Depuis quelques décennies, les doctrines orientales ont été largement diffusées en Occident où elles suscitent un intérêt grandissant à différents niveaux, depuis l'amateur de drogues ou d'expériences mystiques à bon marché jusqu'au disciple qui s'engage dans une voie spirituelle exigeante, en vue d'une véritable transformation intérieure. Même si l'on attribue ce phénomène au malaise que suscite une société presque exclusivement matérialiste et au besoin d'évasion qui en découle, il n'en demeure pas moins que cet état de choses est révélateur d'une recherche que notre propre tradition n'est plus en mesure de combler. L'authenticité originelle du christianisme s'est en effet dégradée au cours des siècles tandis que les traditions orientales ont su maintenir intacte leur vitalité initiale. Les sages que l'on peut encore rencontrer de nos jours au sein de ces traditions sont autant de garants de la validité des enseignements qu'ils ont reçus et qu'ils transmettent à leur tour. Si l'on peut toujours citer à notre époque en Occident l'exemple de Charles de Foucauld ou du Padre Pio et même celui de certains monastères où la spiritualité demeure particulièrement intense, ces cas sont malgré tout isolés et exceptionnels. L'Église, actuellement déchirée par des dissensions internes, ne peut plus offrir à ceux qui le désirent un chemin cohérent susceptible de favoriser l'accès à une réalité supérieure. L'accent mis par l'Église sur le dualisme du bien et du mal conduit souvent ses fidèles à une morale étroite d'où toute transcendance a disparu. Autant d'éléments qui justifient l'intérêt que ressent le chercheur de vérité pour d'autres traditions.

A l'intérieur de ce courant, la doctrine hindoue de la non-dualité s'est considérablement répandue dans les milieux spirituels en Occident depuis quelques années. Cette doctrine stipule que la multiplicité des phénomènes que nous percevons relève d'une fausse vision des choses : seule existe en fait une unique réalité qui nous apparaît infiniment diversifiée. Notons au passage que la science moderne ne dit pas autre chose : pour elle, tout se réduit à des atomes et les objets que nous distinguons les uns des autres n'existent comme tels que dans notre perception. Au terme d'un travail sur lui-même, l'homme peut avoir directement accès à cette réalité et prendre conscience qu'il n'en est pas dissocié, qu'il est *un* avec l'Absolu.

Différentes raisons expliquent la vogue actuelle de cette doctrine en Occident. Tout d'abord, le courant de pensée rationaliste qui prévaut chez nous depuis plusieurs siècles ne prépare plus l'homme à suivre une voie religieuse, qu'elle soit chrétienne ou non. La voie dévotionnelle s'adresse en effet au cœur et non à la pensée. L'homme actuel a besoin de preuves plus que de croyances et le christianisme persiste à prôner une confiance aveugle aux dogmes. Or la doctrine non dualiste, en tant que voie de la connaissance, insiste sur la nécessité de ne rien croire sur parole, de comprendre et d'expérimenter par nous-mêmes. L'approche orientale de découverte intérieure présente, en ce domaine, un aspect scientifique indéniable, propre à séduire la mentalité moderne. Par ailleurs, la doctrine de la non-dualité vise à un dépassement de tous les contraires, à l'obtention d'un état intérieur dans lequel toutes les contradictions sont définitivement résolues et où aucun doute ne peut plus s'élever. Il est facile de constater que la pensée rationaliste n'a pas permis à l'homme de sortir des conflits dans lesquels il se débat. Comme tout système, le rationalisme offre une réponse partielle à celui qui a soif d'absolu. Par définition, une vision duelle ne peut pas sortir de la contradiction. L'habitude de tout concevoir en termes duels est si bien ancrée dans nos mentalités que nous n'entrevoyons même pas la possibilité d'une autre attitude qui ne soit ni pour ni contre quoi que ce soit et se contente de voir, sans prendre parti. Ce n'est pourtant pas en épousant un des termes du dualisme et en excluant l'autre que nous pourrons comprendre la réalité dans sa totalité. La contradiction inhérente à notre système de pensée ne peut être résolue que dans un état qui transcende la dualité et nous fait percevoir la profonde unité sous-jacente à tous les phénomènes que nous percevons.

La mentalité moderne apparaît donc à la fois comme le moteur qui pousse l'Occidental vers les voies de la connaissance et elle est en même temps l'obstacle qu'il lui faudra surmonter pour aborder toute voie non dualiste.

Bien que la doctrine de la non-dualité soit connue en Occident comme émanant principalement de la tradition hindoue et plus précisément de l'*advaïta vedanta*, elle n'est pas l'apanage exclusif de l'Inde et de nombreux rapprochements ont pu être faits avec d'autres traditions, comme le tch'an*, le soufisme, etc. Dans le christianisme, certaines phrases des Évangiles canoniques, de l'Évangile apocryphe de Thomas** et enfin Maître Eckhart au xiiie siècle attestent que la non-dualité n'est pas non plus étrangère à la pensée chrétienne.

LA NON-DUALITÉ : DOCTRINE UNIVERSELLE

Dans le tch'an

> Ne vous attachez pas aux vues duelles ;
> évitez soigneusement de les suivre.
>
> Si l'esprit demeure en paix dans l'Un,
> ces vues duelles disparaissent d'elles-mêmes.
>
> Toutes les oppositions
> sont fruits de nos réflexions.

* *Tch'an* : bouddhisme chinois, équivalent du bouddhisme zen au Japon.
** L'Évangile selon Thomas fut découvert en Égypte par des paysans vers 1945.

Dans la non-dualité, toutes choses sont identiques,
il n'est rien qui ne soit contenu en elle.
Toutes choses ne sont qu'une chose.
L'esprit de foi est non-duel. (2)

Seng-ts'an

Houei-neng dans son dernier entretien avec ses disciples n'énumère pas moins de trente-six paires de contraires tels que : lumière et obscurité, *yin* et *yang*, formel et informel, activité et repos, pureté et fange, sacré et profane..., etc.
(...) En définitive, seule la nature originelle (...) transcende toutes ces paires de contraires en les embrassant toutes du même coup. (2)

John C. H. Wu

Dans le taoïsme *

Forme et non-forme se produisent et se conditionnent
[mutuellement ;
Difficile et facile se composent et se complètent l'un
[l'autre ;
Long et court se comparent et s'informent
[mutuellement ;
Haut et bas s'inclinent et s'invertissent l'un l'autre ;
Son et ton s'accordent et s'harmonisent mutuellement ;
Avant et après se font tour à tour suite et place.
Toute contradiction n'est qu'apparente. (3)

Lao-Tseu

Dans le christianisme

L'Évangile apocryphe de Thomas nous est extrêmement précieux parce qu'il prouve de façon patente que l'enseignement de

---

* *Taoïsme :* système philosophique et religieux des Chinois.

la non-dualité, peu perceptible dans les Évangiles canoniques pour un lecteur non averti, est un des aspects essentiels du message du Christ.

Dans le passage suivant, Jésus préconise une vision synthétique qui unifie tous les contraires et les transcende. Cette vision nouvelle permet d'entrer dans le Royaume qui n'est, en fait, que l'état de non-dualité.

> Jésus leur dit :
> lorsque vous faites le deux Un,
> et faites l'intérieur comme l'extérieur,
> et l'extérieur comme l'intérieur,
> et le supérieur comme l'inférieur,
> afin de faire le mâle et le féminin
> en un seul
> (...)
> alors vous entrerez dans le Royaume.

Deux autres extraits confirment cette idée : dans le premier, l'unification des contraires conduit l'homme au « miracle » ; dans le second, l'apparition de la dualité le mène au désarroi :

> Jésus a dit :
> lorsque vous faites le deux Un,
> vous deviendrez Fils de l'homme,
> et si vous dites :
> montagne éloigne-toi :
> elle s'éloignera.
>
> Au temps où vous étiez Un,
> vous avez engendré deux ;
> mais étant alors devenus deux
> que ferez-vous ? (4)
>
> *Évangile selon Thomas*

Qu'est-ce qu'une opposition ? Joie et peine, blanc et noir sont en opposition et celle-ci ne demeure pas dans l'être.

Tout ce qui est divisé dans les choses basses est unifié lorsque l'âme s'élève à une vie où il n'y a pas d'oppositions. Quand l'âme arrive dans la lumière de l'intellect, elle ne sait rien de l'opposition.

Tout le temps que l'âme perçoit quelque diversité, elle n'est pas telle qu'elle doit être.

Toutes choses sont un.

L'unité unit toute multiplicité. (5)

MAÎTRE ECKHART

Dans le soufisme*

Croyance et incroyance, bien-aimé et ennemi, impur et pur, ciel et enfer, courroux et miséricorde, bien et mal, richesse et pauvreté, louange et mépris, satiété et faim, insignifiance et grandeur, mort et vie, maladie et santé, juste et injuste — tout cela est pareil pour les « gens de la Vérité » car la signification de : « *Où que vous vous tourniez est la Face de Dieu* » leur est devenue extrêmement claire. Quiconque comprend le sens de : « *Où que vous vous tourniez est la Face de Dieu* » est parvenu à une connaissance complète, et quel que soit ce qu'il voit, la « *Face de Dieu* » est Ce qu'il verra. (6)

HAMZAH FANSÛRI

Dans l'hindouisme

Je ne suis ni ceci ni cela. Je suis le Suprême qui réside au-delà des deux termes de toute opposition, et qui les éclaire l'un et l'autre de sa propre lumière.

---

* *Soufisme* : ésotérisme de l'islam.

LA NON-DUALITÉ MÉTAPHYSIQUE

Imaginer des conceptions dualistes en l'*ātman* *, en l'Intelligence absolue,
c'est bâtir des châteaux dans les nuées.

Lorsque, par la réalisation personnelle, l'aspirant connaît son indivisible Soi**, il devient sur-le-champ un Être parfait.

Qu'il demeure désormais face à face avec l'*ātman*, puisque son mental est purgé de toute idée de dualité. (7)

SHANKARACHARYA

Voici sur le même thème le témoignage de trois grands sages de l'Inde du XXe siècle :

Il nous faut transcender les paires d'opposées.

Après avoir atteint Dieu (...) la dualité est dépassée. (8)

SWÂMI RÂMDÂS

Considérez l'univers. Vous le voyez dans toute sa diversité. Réalisez qu'il existe un dénominateur commun à tous les objets. Si vous y parvenez, l'égalité dans les couples des opposés suivra naturellement.

La dualité n'existe pas. Vous n'avez actuellement qu'une connaissance relative des choses.

La diversité n'est pas la nature de la réalité.

Le Soi est pure connaissance, pure lumière, dépourvu de toute dualité. (9)

RAMANA MAHARSHI

---

* Mot sanscrit : le Soi ou *ātman* est la réalité ultime de chaque être.
** *Idem.*

Tout est CELA *, et où règne CELA, aucune contradiction n'existe. (10)

MÂ ÂNANDAMAYI

NON-DUALITÉ ENTRE L'HOMME ET LE MONDE

S'il n'existe qu'une unique réalité, les distinctions que nous établissons habituellement entre les phénomènes sont arbitraires. Pour celui qui a réalisé l'Absolu, il n'est plus possible de se différencier du monde, tout est inclus dans la même insécable réalité dont il fait partie. La barrière que constituait son individualité a disparu et il est passé au-delà de la dichotomie qu'il ressentait auparavant entre un moi et un non-moi.

Le sujet disparaît à la suite de l'objet ;
l'objet s'évanouit avec le sujet.

L'objet, c'est par le sujet qu'il est objet ;
le sujet, c'est par l'objet qu'il est sujet.

Si vous désirez savoir ce qu'ils sont dans leur dualité
[illusoire
sachez qu'ils ne sont rien d'autre qu'un vide.

Dans ce vide unique, les deux s'identifient
et chacun contient les dix mille choses **. (2)

SENG-TS'AN

Je suis, à la fois, et le sujet et l'objet de toute expérience ;
Je suis ce qu'auparavant je tenais pour l'univers ou le non-Soi ***. (7)

SHANKARACHARYA

---

* *Cela* désigne *brahman*, l'Absolu qui est au-delà de toute conceptualisation.
** Les *dix mille choses*, en langage chinois, symbolisent l'univers tout entier.
*** Le Soi étant la réalité ultime de chaque être, le non-Soi serait donc l'univers. Shankaracharya affirme ici l'identité entre le Soi et l'univers.

Jésus a dit :
si ceux qui vous guident vous disent :
voici, le Royaume est dans le ciel,
alors les oiseaux du ciel vous devanceront,
s'ils vous disent qu'il est dans la mer,
alors les poissons vous devanceront.
Mais le Royaume est le dedans de vous
et il est le dehors de vous. (4)

Évangile selon Thomas

Sujet et objet ne sont que des créations mentales. (9)

Ramana Maharshi

Les « gens de la Vérité » disent que toutes les créatures ne sont rien d'autre que notre moi.
(...) Lorsqu'ils attachent leur vision « en dehors » de leur moi, quelle que soit la chose qu'ils voient, c'est leur moi qu'ils voient : tout ce qu'ils contemplent, c'est leur moi qu'ils contemplent ; pour les « gens de la Vérité », le monde et leur moi sont une seule et même chose. (6)

Hamzah Fansûrî

NON-DUALITÉ ENTRE L'HOMME ET DIEU

Les religions sont fondées sur un dualisme apparemment irréductible qui sépare Dieu de l'homme, le Créateur de la créature. Cette assertion théologique et dogmatique peut cependant être dépassée comme en témoignent les mystiques parvenus au terme de leur quête spirituelle. Au niveau le plus intérieur des religions, nous retrouvons la même connaissance non-duelle : la distinction entre l'homme et Dieu, loin d'être irréductible, s'efface dans l'expérience ultime d'union à Dieu.

Une première approche de cette réalisation consiste à dire que Dieu n'est pas extérieur à l'homme.

Christianisme

L'arrivée du règne de Dieu ne saurait être observée, comme si l'on pouvait dire : « Voici qu'il est ici » ou bien « Il est là », car voici que le règne de Dieu est au-dedans de vous. (28)

Luc (17, 20-21)

Ne savez-vous pas que vous êtes un temple de Dieu, et que l'Esprit de Dieu habite en vous ?

Ne reconnaissez-vous pas que Jésus-Christ est en vous ? (11)

Saint Paul

On ne doit pas saisir ni considérer Dieu comme en dehors de soi, mais comme son bien propre et comme ce qui est en soi-même.

Bien des personnes simples s'imaginent qu'elles doivent considérer Dieu comme étant là-bas et elles ici. Il n'en est pas ainsi. Dieu et moi nous sommes un.

Dieu est plus proche de l'âme qu'elle ne l'est d'elle-même.

La proximité entre Dieu et l'âme ne connaît pas de distinction, en vérité. (5)

Maître Eckhart

Où veux-tu donc aller chercher Dieu ?
Ne le cherche que dans ton âme. (12)

Jacob Boehme

Je ne suis pas en dehors de Dieu
Et Dieu n'est en dehors de moi. (13)

Angelus Silesius

Dieu est partout. Cette vérité si simple, nous l'oublions trop. Elle pourrait cependant, si nous y pensions

davantage, donner une orientation nouvelle à notre vie.
Nous nous fatiguons quelquefois l'imagination pour nous représenter un Dieu lointain, et notre prière en souffre. Dieu est Esprit, Esprit qui n'est pas limité en un lieu, mais qui pénètre toutes choses. Aussi les vrais adorateurs adorent-ils Dieu « en esprit et en vérité ». (...)
Au début de notre vie spirituelle, nous commencerons par ouvrir les yeux à cette grande vérité. Le résultat sera merveilleux, si nous pouvons arriver à faire vivre en nous cette pensée de la présence immédiate et universelle de Dieu. (...) Nous portons *en* nous le Dieu vivant, le Ciel, le but unique de toutes choses, la suprême Réalité, et nous n'y pensons pas...! (...)
N'est-il pas évident que si cette habitation divine, cette présence de Dieu en nous-mêmes, jouait dans notre vie le rôle qu'elle doit y jouer, celle-ci serait totalement changée et transformée ? (14)

Un Chartreux

Islam et soufisme

Celui Qui connaît son âme connaît son Seigneur. (15)

Nous sommes plus près de l'homme que sa veine jugulaire.

Coran (L, 16)

Ce que tu veux, cherche-le en toi-même, car tu es tout.

Attribué à Najm-ud-Din Razî

Auparavant, je T'imaginais extérieur à moi-même ; je Te supposais au terme de mon voyage.
Maintenant que je T'ai trouvé, je sais que c'est Toi que j'abandonnai dès mon premier pas. (6)

Djâmî

Mais concevoir Dieu en nous peut encore être interprété en termes duels : il y a moi et Dieu en moi mais nous demeurons séparés. En fait, de nombreux textes très explicites montrent que l'identité entre Dieu et l'homme est totale et qu'il ne subsiste aucune dualité dans cette union.

> Ce Soi est *brahman* *
> Je suis *brahman*
> Cela, tu l'es ! (16)
>
> UPANISHADS

> Or je ne prie pas seulement pour ceux-ci ; mais aussi pour ceux qui croiront en moi à cause de leur parole, afin que tous soient un, comme toi-même, ô Père, tu es en moi et moi en toi, afin qu'eux aussi soient en nous. ... Pour moi, je leur ai donné la gloire que tu m'as donnée, afin qu'ils soient un, comme nous (sommes) un, moi en eux et toi en moi, afin qu'ils soient consommés dans l'unité. (28)
>
> JEAN (17, 20-23)

Vivekânanda distingue trois étapes dans l'enseignement du Christ allant de la dualité à la non-dualité et correspondant aux différents degrés de compréhension de ses auditeurs :

> Aux masses qui ne pouvaient rien concevoir de plus élevé qu'un Dieu personnel, il disait : « Priez votre Père qui est aux cieux. » A d'autres qui pouvaient saisir une idée plus élevée, il disait : « Je suis le cep, et vous êtes les sarments. » Mais aux disciples à qui il se révélait plus pleinement, il proclamait la vérité la plus haute : « Moi et mon Père nous sommes Un. » (17)

Il existe deux manières d'exprimer l'état de non-dualité avec Dieu : le mystique peut ressentir qu'il est en quelque sorte « devenu ** » Dieu ou bien il dira qu'il s'est vidé de lui-même, qu'il n'existe plus et que Dieu l'envahit totalement.

---

* Si le brahman non-duel du Vedanta hindou n'est pas directement assimilable au Dieu personnel des voies religieuses, le rapprochement devient cependant possible au stade ultime de l'expérience mystique (voir à ce sujet page 31).

** L'être ne peut pas « devenir » Dieu : Dieu *est*, de toute éternité. L'être découvre donc qu'il était Dieu mais qu'il l'ignorait.

Dans le premier cas, la relation de cette expérience peut paraître choquante si l'on ne se souvient pas que le mystique est au-delà de toute norme et par conséquent au-delà de la formulation exotérique limitée.

Maître Eckhart attribue ces mots à Sœur Katrei, l'une de ses filles spirituelles :

> Réjouissez-vous avec moi, je suis devenue Dieu. (18)

Maître Eckhart s'expliquera très clairement à ce sujet dans ses Sermons :

> Dirons-nous donc : Quand l'homme aime Dieu, il devient Dieu ? Il semble que ce soit un blasphème. Dans l'amour que l'on donne, il n'y a pas deux, mais un et union, et dans l'amour, je suis plus Dieu que je ne suis moi-même. Le prophète parle ainsi : « Je l'ai dit, vous êtes des dieux et les enfants du Très-Haut. » Il semble étrange que l'homme puisse de cette manière devenir Dieu dans l'amour ; c'est cependant vrai dans l'éternelle vérité. (5)

A la lumière de ce texte, on comprend mieux les Strophes d'Angelus Silésius :

> Je suis aussi grand que Dieu :
> Il est aussi petit que moi ;
> Il ne peut être dessus moi
> Ni moi au-dessous de lui. (13)

Dans un autre contexte, celui du soufisme, c'est la même expérience qui fera dire à Mansur Al-Hallâj la célèbre parole pour laquelle il sera crucifié :

> Je suis Dieu*.

---

* Voir page 25 le commentaire de Rûmî.

Une seconde formulation rend compte de l'union à Dieu : au lieu de dire qu'il est Dieu, le mystique ressent que son individualité a totalement disparu. Dieu seul reste.
Catherine de Sienne s'entend ainsi dire par Dieu :

> Je suis Dieu et tu es celle qui n'est pas.

> Si je vis, ce n'est plus moi, mais le Christ qui vit en moi. (20)
>
> Saint Paul

> Où prend fin la créature, Dieu commence à être. Or Dieu n'exige pas plus de toi que de sortir de toi-même selon ton mode d'être de créature et de laisser Dieu être Dieu en toi. (5)
>
> Maître Eckhart

Simone Weil, mystique du XXe siècle, énonce dans une formule lapidaire la remise en cause de l'individualité :

> Le péché en moi dit « je ».

> Mon Dieu, accordez-moi de devenir rien.
> A mesure que je deviens rien, Dieu s'aime à travers moi.
>
> Simone Weil

Titus Burckhardt, dans son *Introduction aux doctrines ésotériques de l'Islam*, rappelle le caractère non-duel de l'islam ésotérique : « La doctrine soufique de l'Unité (...), malgré la différence de terminologie, est strictement analogue à la doctrine hindoue de la *Non-dualité* (advaïta). » (22)

On retrouve ainsi dans le soufisme la même expérience de disparition du moi :

> Devant Dieu, deux « Moi » n'ont pas de place. Tu dis « Moi » et Il dit « Moi » ; ou bien meurs, toi, devant Lui, ou bien c'est Lui qui mourra devant toi. afin que toute

dualité disparaisse. Mais ni objectivement ni subjectivement, Il ne peut mourir. Car « Il est le vivant qui ne meurt jamais ». Il a tant de grâce que, s'il Lui était possible de mourir, Il mourrait pour toi, afin que s'abolisse la dualité. Sa mort étant impossible, meurs toi-même, afin qu'Il se manifeste en toi et que s'anéantisse la dualité.

Dans cet autre passage, Rûmi explique la parole de Mansûr : « Je suis Dieu. »

> Lorsque l'amour de Mansûr pour Dieu fut sans limites, il devint son propre ennemi et anéantit son moi. Il dit : « Ana'l Haqq », Je suis Dieu : « Je suis devenu anéanti, Dieu seul reste. » C'est là une extrême modestie, parce que ce cri signifie : « Lui Seul est ». Ce serait prétention et orgueil que de dire : « Tu es Dieu et je suis ton serviteur. » Par là, tu affirmes ta propre existence et tu instaures la dualité. De même, si tu dis : « Hûwa'l Haqq », « Il est Dieu », tu fondes une dualité. Car tant que « Je » n'est pas, « Lui » n'est pas non plus. C'est pourquoi Dieu a dit : « Je suis Dieu », étant donné qu'un autre que Lui n'existait pas et que Mansûr était anéanti. Ces paroles étaient les paroles de Dieu.
> Cette expression, « Ana'l Haqq », a surgi de la forme corporelle de Mansûr. On a cru que c'était Mansûr qui la prononçait. En réalité, ce n'était pas Mansûr mais Dieu. Dieu le Très-Haut parle en toutes langues, mais peu de gens l'entendent. (1)

Rûmî

> Les « gens de la Vérité » connaissent leur moi et anéantissent leur moi, et affirment l'unité de leur moi et de Dieu. (6)

Hamzah Fansûrî

On sait qu'un des grands thèmes du soufisme est celui de l'extinction (al-fanâ). Cette extinction n'est rien d'autre que celle de l'individualité humaine.

Le Traité de l'Unité va encore plus loin dans l'expression de la non-dualité. Pour Ibn Arabi, il ne saurait y avoir extinction de l'individualité puisque celle-ci n'a en fait aucune existence :

> Le Prophète a dit : « Celui qui connaît son âme connaît son Seigneur ». Il dit encore : « J'ai connu mon Seigneur par mon Seigneur ». Le Prophète d'Allah a voulu faire comprendre par ces mots que tu n'es pas toi mais Lui ; Lui et non toi ; qu'Il n'entre pas dans toi et tu n'entres pas dans Lui ; qu'Il ne sort pas de toi et tu ne sors pas de Lui. Je ne veux pas dire que tu es ou que tu possèdes telle ou telle qualité. Je veux dire que tu n'existes absolument pas, et que tu n'existeras jamais par toi-même, ni par Lui, dans Lui ou avec Lui. Tu ne peux cesser d'être, car tu n'es pas. Tu es Lui et Lui est toi.
>
> La Gnose n'exige pas l'extinction de l'existence (du moi) ou l'extinction de cette extinction ; car les choses n'ont aucune existence, et ce qui n'existe pas ne peut cesser d'exister. Dire qu'une chose a cessé d'exister, qu'elle n'existe plus, équivaut à affirmer qu'elle a existé, qu'elle a joui de l'existence. Donc, si tu connais ton âme, c'est-à-dire toi-même, si tu peux concevoir que tu n'existes pas et, partant, que tu ne t'éteins pas, alors tu connais Allah, autrement non.
>
> Ton existence est néant. (24)
>
> *Traité de l'Unité*

NON-DUALITÉ ENTRE DIEU ET LE MONDE

A partir de son expérience ordinaire — à savoir le fait de se ressentir comme une individualité différenciée du reste de l'univers —, l'homme imagine un Dieu séparé du monde qu'Il aurait créé de toute pièce. Les discussions philosophiques sur la transcendance ou l'immanence de Dieu face à la création se perpétuent depuis des siècles sur la base d'un problème mal posé et révèlent la difficulté qu'éprouve l'homme à se dégager d'une vision anthropomorphique. Comme le souligne Rajneesh :

> Le concept du Dieu créateur n'a aucune signification (...) L'expression même est révélatrice de notre conception égocentrique de création, d'action. Comme nous « faisons » les choses, Dieu a « fait » le monde. Nous nous projetons sur le plan cosmique en imaginant un créateur et sa création.
> (...) Dieu c'est ce qui arrive : non pas le créateur mais la suite de tous les événements qui se produisent *.
> (...) Il n'y a ni créateur, ni création. La dichotomie est le produit de notre ego, de nos projections sur le plan cosmique. (25)

Pour celui qui adopte la perspective limitée d'un créateur face à sa création, la résolution de cette dualité adopte deux points de vue : le premier est celui de l'immanence de Dieu au monde où l'on considère que Dieu est en toutes choses, qu'il est un avec la création ou, en d'autres termes, que tout est Dieu.

Le mystique qui vit cette approche de Dieu Le verra ainsi partout, en tout et sera transporté d'amour pour la création. Percevant Dieu en toutes choses, il parviendra ainsi à l'unité.

> Quoi que je contemple
> je ne vois nul autre que Toi. (6)
>
> Khwaja Mîr Dard

> Le cœur de Dieu est caché ; cependant il habite dans tous les points, et embrasse tout.

---

* Pour le développement de cette idée, exprimée ici par un raccourci abrupt, voir le chapitre « Voies religieuses » et notamment les pages 100, 101.

Lorsque vous considérez l'espace, les étoiles et la terre, alors vous voyez votre Dieu. (12)

Jacob Boehme

Tout cet univers que l'ignorance nous présente sous l'aspect de la multiplicité, n'est pas autre chose que *brahman*.

Tout ce qui existe est *brahman* et rien d'autre que Lui. (7)

Shankaracharya

Swâmi Ramdas décrit ainsi la Réalisation :

Votre vision embrasse l'Univers, vous donne la paix suprême et l'extase, et vous demeurez dans la conscience divine. Vous considérez l'univers entier comme l'expression même du Dieu que vous avez trouvé en vous. Vous voyez Dieu en tout, dans chacun et dans toute chose. Cette vision transcendante fait jaillir en votre cœur la source de l'amour infini, de l'amour qui emplit et étreint tout le cosmos. Toutes les différences s'effacent dans l'égalité de cette vision. (23)

Swâmi Ramdas

Le Prophète a dit : « N'insultez pas au Siècle car il est Allah. » Il a voulu dire par ces paroles que l'existence du Siècle est l'existence d'Allah. Il est trop élevé pour avoir un partenaire, un semblable ou un équivalent quelconque. Le Prophète dit (...) : « Allah dit : Mon serviteur ! J'étais malade et tu ne M'as pas visité. J'avais faim et tu ne M'as pas donné à manger (...) » Il a voulu dire que c'était Lui le malade et le mendiant. Comme le malade et le mendiant peuvent être Lui, alors toi et toutes les choses de la création, accidents ou substances, peuvent aussi être Lui. (24)

Traité de l'Unité

Je persévérai dans cet exercice, jusqu'à ce que me fût révélé : « Dieu a dit de Lui-même qu'il est le Premier et le

Dernier, l'Intérieur et l'Extérieur. » Je me défendis contre ce discours en me concentrant sur mon exercice, mais plus je fis d'efforts de le repousser, et plus il m'assaillit sans répit ; je répondis enfin : « Je comprends que Dieu est le Premier et le Dernier et l'Intérieur ; mais qu'il soit également l'Extérieur, je ne le comprends pas, car extérieurement je ne vois que l'univers. » Je reçus cette réponse : « Si Dieu voulait désigner par le mot ''l'Extérieur'' autre chose que l'existence visible, celle-ci ne serait pas extérieure, mais intérieure : mais je te dis : il (Dieu) est l'Extérieur ! » A ce moment-là, je réalisai subitement la vérité qu'il n'y a pas d'existence en dehors de Dieu, et que l'univers n'est rien hormis Lui... (19)

CHEIKH MOÛLAY EL-ARABÎ ED-DARQÂWÎ.

Une autre approche considère que la création n'existe pas ; elle est un pur néant et n'est perçue qu'en vertu d'une illusion. Dieu seul existe.

Toutes les créatures sont un pur néant.

Hors de Dieu, il n'est rien que le seul néant. (5)

MAÎTRE ECKHART

Tout ce qui n'est pas Lui n'a aucune existence.

L'existence des choses ou leur néant est tout un.

Autre-que-Lui n'est pas *. (24)

Traité de l'Unité

---

* A rapprocher de la formule du Vedanta pour lequel *brahman* est « l'Un-sans-second ».

L'UNIQUE RÉALITÉ

Shankaracharya synthétise en une phrase la dissolution des trois dualités créées par l'homme entre lui et le monde, lui et Dieu, Dieu et le monde :

> Toute discussion sur le *vedânta* aboutit au verdict suivant :
> Le jîva * et l'univers ne sont rien d'autre que *brahman*. (7)
>
> SHANKARACHARYA

Ramana Maharshi tient le même langage, bien que sa formulation soit légèrement différente de celle de Shankaracharya :

> L'*advaïta* (...) admet trois données fondamentales : *jagat, jîva,* Ishvara (le monde, l'âme individuelle et Dieu). Ces trois éléments sont réels mais ce n'est pas toute la réalité. La réalité s'étend au-delà. C'est l'*advaïta*. La réalité est illimitée. Les trois éléments de base (Dieu, l'âme et le monde) n'ont pas d'existence séparée de la réalité absolue. Tout le monde tombe d'accord pour admettre que la réalité est omnipénétrante.
> Ainsi Ishvara est omnipénétrant dans le *jîva*, et c'est pourquoi l'être du *jîva* est éternel.
> (...)
> Pour ceux qui perçoivent encore ces trois éléments fondamentaux, ils sont réels. En fait, leur existence est concomitante à celle de l'ego. (9)
>
> RAMANA MAHARSHI

---

* Le *jîva* : la créature.

VOIES DUALISTES ET NON DUALISTES

Tous les points de vue peuvent coexister de façon harmonieuse au sein de la même tradition et être perçus comme les multiples facettes de la Vérité. La pensée hindoue, à cet égard, est sans doute l'une des plus tolérantes qui soient puisqu'elle offre aux chercheurs spirituels différentes voies adaptées aux possibilités de chacun. Au terme de leur ascèse, les disciples connaîtront cependant une même réalisation intérieure, qu'ils aient suivi la voie de la dévotion (bhakti-yoga) ou celle de la connaissance (jnana-yoga).

Le chercheur qui suit le chemin de l'*advaïta* refuse toute dualité. En revanche, celui qui contemple le Dieu avec forme refuse la non-dualité — et pourtant il parviendra au cours de son ascèse à comprendre que c'est l'unique Forme suprême qui se révèle en toutes les formes. (10)

Quand on commence la sadhana *, on dit : « Voici Krishna » ou « voici Rama » ou « voici le Seigneur », etc.; mais après avoir réalisé la vraie nature de Krishna ou de Rama ou du Seigneur, on dit « tout est Krishna » ou « tout est Rama » ou « tout est le Seigneur »... Cela étant, où est la différence entre le point de vue dualiste et le point de vue non dualiste ? Le Dieu qui a formes et qualités et qui, au départ, est ressenti par le sadhaka * comme un autre que lui, ce même Dieu est ensuite réalisé comme étant la totalité de l'existence, le Brahman omniprésent. Quand le sadhaka réalise cela, il se fond en Brahman. Alors ce qui était dévotion ou amour de Dieu est transcendé. Il n'y a plus ni dévotion ni absence de

---

* *Sadhana* : ascèse ; *sadhaka* : chercheur spirituel.

> dévotion, car il n'y a plus de différence entre Dieu et son adorateur. (26)
>
> Mâ Anandamayi

Ramana Maharshi, à la question « La voie de la dévotion (bhakti) n'implique-t-elle pas la dualité ? » répondait :

> La réflexion sur son propre Soi s'appelle *bhakti*. La *bhakti* et la recherche de Soi sont une seule et même chose. Le Soi des *advaïtins* * est identique au Dieu des *bhaktas* **. (9)
>
> Ramana Maharshi

Swâmi Siddheswarânanda cite l'exemple de Râmakrishna, l'un des sages les plus vénérés de l'Inde, qui alliait harmonieusement les deux expériences :

> La réalisation de Râmakrishna ne l'empêchait pas de chanter des hymnes au Seigneur et de savourer les joies de la dévotion, tout en ayant la pleine conscience de la réalité non-duelle. (...) Aux yeux d'un observateur extérieur, il semblait y avoir en lui deux attitudes, qui coexistaient sans le moindre conflit. (27)

Les différentes traditions utilisent de multiples langages pour parler de l'Absolu. Toutes les formulations qu'elles emploient transcendent notre expérience habituelle. Elles ont pour but de faire éclater nos catégories mentales, de nous laisser entrevoir une autre dimension qui dépasse notre système de pensée binaire et limité.

C'est pourquoi la non-dualité qui s'oppose à la dualité n'est pas la véritable non-dualité qui, elle, transcende également cette polarité. Mais s'il s'en tient à la lettre, le chercheur malhabile peut,

---

* *Advaïtins* : partisans de la voie non dualiste (advaïta).
** *Bhaktas* : adorateurs de Dieu dans les voies dites « dualistes ».

tout en adoptant un point de vue non dualiste, s'enfermer dans un nouveau système aliénant.

Plusieurs mises en garde ont été faites à ce sujet :

> La dualité existe en raison de l'unité,
> mais ne vous attachez pas à cette unité. (2)
>
> Seng-Ts'an

> Dans le Suprême, dans l'Ultime, alors que la vision limitée a disparu, comment peut-on faire des distinctions, par exemple entre dualité et non-dualité ?
>
> Le fait de parler de non-dualité n'implique-t-il pas la notion de dualité ?
>
> Il existe un état où disparaît toute distinction entre dualité et non-dualité. (10)
>
> Mâ Anandamayi

> *Advaïta* (non-dualité) et *dvaïta* (dualité) sont des termes relatifs. Ils sont établis sur une conception dualiste. Le Soi est comme Il est. Il n'y a pas plus d'*advaïta* que de *dvaïta*. « Je suis ce que je suis ». (9)
>
> Ramana Maharshi

L'essentiel est de briser le carcan de notre façon de penser pour découvrir l'inexprimable, au-delà des mots.

Références de la première partie
LA NON-DUALITÉ MÉTAPHYSIQUE

1) Rûmî, *Le Livre du Dedans*. Sindbad/Islam, pp. 94, 51, 245. Traduit du persan par Eva de Vitray-Meyerovitch.
2) Seng-Ts'an (vi[e] siècle), *Sin-sin-ming*. Revue Hermès. Tch'an, pp. 81 à 85. — Article de John C. H. Wu sur l'enseignement de Houei-Neng (fin viie - début viiie siècle), p. 14.
3) Lao-Tseu, *Tao-Te-King*. Adrien Maisonneuve, p. 65. Traduction de Jacques Lionnet.
4) *Évangile selon Thomas*, Metanoia. Logions 22 (8-14, 21), 106, 11 (10-13), 3. Traduction de Philippe de Suarez.
5) Maître Eckhart, *Sermons*. Seuil, pp. 95, 240, 194, 115, 86, 107, 71, 78, 117, 184. Traduction de J. Ancelet-Hustache.
6) Eva de Vitray-Meyerovitch, *Anthologie du soufisme*. Sindbad/Islam.
   — Hamzah Fansûri, pp. 61-60.
   — Djâmî, p. 126.
   — Khwaja Mîr Dard, p. 118.
7) Shankaracharya, *Le plus beau Fleuron de la Discrimination*. Adrien Maisonneuve « Viveka-Cuda-Mani », pp. 127, 134, 124, 128, 66-67. Traduit de l'anglais par Marcel Sauton d'après la traduction anglaise du Swâmi Madhavânanda.
8) Swâmi Ramdas, *Entretiens de Hadeyah*. Albin Michel, série Hindouisme, pp. 187, 43. Traduits par Natacha Agapieff et Charles Andrieu.
9) *L'enseignement de Ramana Maharshi*. Albin Michel. Traduction de Alfred Dupuis, Antoinette Perelli et Jean Herbert, pp. 267, 227, 180, 546, 440, 110-111, 215-216, 371.
10) *L'enseignement de Mâ Ananda Moyî*. Albin Michel, pp. 119, 143, 118. Traduit par Josette Herbert.
11) Saint Paul, *Épître aux Corinthiens*. 3, 16 et 13, 5.

12) Jacob BOEHME. *Confessions.* Fayard, pp. 52, 31, 50, par Alexis Klimov.
13) C. G. JUNG, *Types psychologiques.* Buchet/Chastel. Traduction Yves Le Lay.
— Angelus Silesius : pp. 248-249 (mystique allemand du XVIIe siècle).
14) Par UN CHARTREUX, *Amour et Silence.* Seuil, « Livre de Vie », pp. 26-27, 37-38.
15) Tradition attribuée au Prophète.
16) Mândukya Upanishad mantra II. — Brihadâranyaka Upanishad I-4-10. — Chandogya Upanishad.
17) Swâmi VIVEKANANDA, *Jnâna-yoga.* Albin Michel, p. 113. Traduit de l'anglais par Jean Herbert.
18) Maître ECKHART, *Telle était Sœur Katrei...* « Cahiers du Sud », p. 54.
19) Frithjof SCHUON, *Comprendre l'Islam.* Seuil, « Points Sagesses », p. 149, note 1.
20) Saint PAUL, *Épître aux Galates,* 2, 20.
21) Simone WEIL, *La Pesanteur et la Grâce.* Plon, pp. 34-39.
22) Titus BURCKHARDT, *Introduction aux doctrines ésotériques de l'Islam.* Dervy-Livres, p. 39.
23) Swâmi RAMDAS, *Carnet de Pèlerinage.* Albin Michel, « Spiritualités Vivantes », pp. 135-136. Traduction sous la direction de J. Herbert.
24) *Le Traité de l'Unité dit « d'Ibn Arabî ».* Éditions de l'Échelle, pp. 25, 26, 29, 35, 31, 32. Traduction d'Abdul-Hâdi.
25) RAJNEESH, *Je suis la Porte.* Épi, p. 19. Traduit de l'anglais par Ma Anand Gandha.
26) *Satsang avec Mâ à Nadiad* de novembre 1978 (questions-réponses avec Sri Mâ Anandamayi). Traduit de l'hindi et du bengali par Sri D. Kulkarani et Sri Gangoli ; traduit en français par Yann & A.-M. Le Boucher, pp. 36-37.
27) Swâmi SIDDHESWARANANDA, *L'Intuition métaphysique.* Dervy-Livres, p. 150.
28) R. P. C. LAVERGNE, *Synopse des quatre Évangiles. Études bibliques.* Librairie Lecoffre, d'après la synopse grecque du P.P.M.-J. Lagrange
— Évangile selon saint Jean 17, 20-23.
— Évangile selon saint Luc 17, 20-21.

Deuxième partie

LA NON-DUALITÉ
DANS LA VIE QUOTIDIENNE

> Le Christ Jésus n'a pas été oui et non ; il n'y a eu que oui en lui. (1)
>
> Saint Paul

La non-dualité est une expérience absolue : en elle, toutes les questions sont résolues, les doutes inexistants, les désirs comblés, les craintes définitivement abolies : seule règne la béatitude. C'est un état que rien ne peut venir ébranler. Tout y est accompli. Aucun retour à l'erreur ancienne n'est possible. Plus rien ne peut être menaçant dans ce que nous appelons le monde puisque l'homme, établi dans la non-dualité, ne ressent plus le monde comme un autre que lui.

Un tel état peut-il concerner l'homme qui se débat dans ses contradictions, ses doutes, sa peur latente, son incompréhension ? La sérénité a-t-elle une relation avec ce monde en délire dans lequel nous vivons ? N'est-elle pas le privilège de l'ermite au fond d'une grotte, loin de toute civilisation ?

Comment relier ce niveau métaphysique, réalisation ultime de celui qui est parvenu au but après un long cheminement intérieur, et l'état ordinaire de l'homme qui débute sur le chemin ? La non-dualité risque de demeurer pour ce dernier un idéal éblouissant mais inaccessible. Quel pont va l'aider à franchir l'abîme qui le sépare de la réalité ultime ? Quel outil pourra-t-il utiliser dans toutes les situations de l'existence, quelles qu'elles soient, pour se rapprocher peu à peu du but ? *Ce moyen, cet outil, c'est encore la non-dualité.*

En effet, si celle-ci demeure l'aboutissement d'un chemin, *elle ne peut être atteinte que par la répétition d'expériences de non-dualité dans l'existence.* La non-dualité, c'est l'absence totale de conflit avec tout ce qui se produit. Le sage accompli est passé au-delà de la distinction du moi et du non-moi : tout est lui, il est tout. Il est *un* avec tout. Celui qui se ressent encore comme une individualité séparée de tout le reste doit supprimer jour après jour ses conflits avec le monde. Il doit apprendre progressivement à devenir *un* avec tous les phénomènes, aussi bien ceux qu'il perçoit comme se déroulant hors de lui que ceux qu'il ressent en lui.

L'être ne passe pas brusquement de la dualité totale à la non-dualité transcendante mais il expérimente d'innombrables fois la non-dualité dans sa vie de tous les jours avant de s'établir définitivement dans l'Absolu. La non-dualité est le but mais elle est aussi la voie royale qui y mène. Elle accompagne le chercheur d'un bout à l'autre de sa quête. Sinon, il demeure écartelé entre sa soif d'absolu et son expérience quotidienne.

Est-ce un blasphème de vouloir mêler l'ultime à ce que nous percevons comme la médiocrité de nos existences ? En fait, la médiocrité ne vient pas de la vie mais de nous-mêmes, de notre façon de l'appréhender. L'important n'est pas tant la vie qui nous entoure – la vie sera toujours ce qu'elle est – mais notre attitude face à elle. Pour le chercheur, rien n'est médiocre, la distinction entre sacré et profane tend à disparaître. Tout devient signifiant, tout est sacré.

La non-dualité dans la vie quotidienne consiste à voir les choses telles qu'elles sont et à nous débarrasser d'un mouvement intérieur inutile qui, à chaque instant, refait le monde à sa façon, est en conflit avec les événements tels qu'ils se déroulent. Nous ne laissons jamais le monde être tout simplement ce qu'il est. Nous croyons connaître la réalité, mais en fait, à notre insu, nous ne connaissons rien d'autre que nos désirs et nos craintes sans cesse projetés sur le monde. Nous n'avons jamais vu le monde lui-même.

La non-dualité dans la vie quotidienne, c'est tout d'abord la prise de conscience de notre refus face au monde tel qu'il est puis le redressement patient, ingrat, dans tous les détails de l'existence, de cette manière d'agir erronée.

Cette attitude de non-dualité avec tout ce qui se présente à nous est-elle une interprétation nouvelle, arbitraire de la doctrine de l'*advaïta* ? Notre intention est de démontrer que cette démarche intérieure de non-dualité, loin d'être un enseignement nouveau, a en fait imprégné toutes les grandes traditions au cours des siècles. Elle constitue la condition *sine qua non* de tout progrès spirituel, à plus forte raison pour un partisan de l'*advaïta*. Il n'est en effet pas possible, sous peine d'être en désaccord flagrant avec ses propres conceptions, de prôner la non-dualité et de demeurer en même temps en conflit avec le monde tel qu'il se manifeste à nous dans sa réalité quotidienne. Il n'y a pas d'autre chemin pour l'être que son existence telle qu'elle est. Celle-ci doit devenir un champ d'expérience permanent.

Enseignements contemporains

Aime ce que tu « n'aimes pas ». (2)

GURDJIEFF

L'homme occidental moderne, en qui s'éveille la nostalgie pressante de l'Absolu, est parfois embarrassé pour trouver sa voie. La tradition chrétienne, dans laquelle il a grandi, peut se révéler inapte à combler ses aspirations les plus profondes : en dehors de la vie monastique, l'Église n'est plus en mesure d'offrir un enseignement total à l'être engagé dans l'existence, ce qui explique en grande partie la dichotomie que l'on constate entre l'exigence des Évangiles et la mièvrerie de la plupart de ceux qui se disent chrétiens. Il ne faut d'ailleurs pas s'en étonner : une Église qui doute et qui se cherche ne peut pas être porteuse de certitude et de vérité.

Il reste la solution de se tourner vers les traditions étrangères : islam, bouddhisme, hindouisme ou d'autres. Mais tout être n'a pas forcément en lui les dispositions nécessaires pour se convertir et changer de culture.

L'homme moderne a plus que jamais besoin d'entendre, dans le domaine spirituel, un langage qui soit adapté à sa mentalité, sans pour autant trahir la vérité. Il veut saisir intellectuellement le pourquoi et le comment des différentes méthodes de transformation intérieure qui lui sont proposées avant de les mettre en pratique.

C'est pour répondre à ce besoin particulier de notre époque que fleurissent depuis quelques années des enseignements spirituels qui retransmettent en un langage clair, rationnel et en même temps très concret l'essence des traditions dont ils sont issus. Ce nouveau mode d'expression véhicule l'éternelle Sagesse mais diffère des traditions dans la forme qu'il emploie et peut, de ce fait, paraître déroutant pour certains puristes, voire même inacceptable. Ces enseignements insistent souvent plus sur la mise en application d'une attitude intérieure dans la vie quotidienne que sur des techniques traditionnelles telles que méditation, yoga, mantram, visualisations ou autres. L'homme de jadis était beaucoup plus apte, quand il ressentait l'appel de l'infini, à pratiquer d'emblée des méthodes d'ascèse. Il vivait en contact avec lui-même et avec son milieu. Il était, dans l'ensemble, en harmonie avec la vie qui était la sienne. Aujourd'hui, l'homme est exilé de lui-même et en conflit avec le monde qui l'entoure. Son environnement s'est considérablement dégradé et il a lui aussi changé : il n'est plus au niveau des qualifications autrefois requises pour devenir disciple d'un maître. Les modes de transmission de la Sagesse ont dû s'adapter à cette nouvelle situation.

Les enseignements rassemblés dans ce chapitre conviennent particulièrement à l'homme moderne : ils peuvent être pratiqués dans la vie de tous les jours et n'exigent pas le retrait dans un monastère. Leurs auteurs * sont contemporains de notre époque et ont tous vécu dans notre contexte culturel, que ce soit en Europe ou en Amérique. Ils ont par conséquent une connaissance approfondie des problèmes inhérents à la structure spécifique de notre esprit et leur enseignement en tient toujours compte. Par ailleurs, leur appartenance à différentes traditions orientales — bouddhisme tibétain, bouddhisme zen, hindouisme — rend la similitude de leur méthode d'enseignement d'autant plus enrichissante.

Ce courant de pensée (la non-dualité dans la vie quotidienne) n'est contemporain que par la forme qu'il adopte. Quant au fond, il a toujours existé dans toutes les voies spirituelles : la seule façon d'accéder à la non-dualité métaphysique est de vivre en

---

* Karlfried Graf Dürckheim, Rajneesh, Krishnamurti, Swâmi Prajnanpad, Arnaud Desjardins, Chögyam Trungpa, Shunryu Suzuki, Yasutani-roshi. (Voir les notices biographiques de Rajneesh et Krishnamurti pages 91 et 92.)

adhérant à ce qui est, dans l'instant. Aucun disciple ne peut en effet prétendre avoir un jour la vision de l'Absolu s'il continue d'être en désaccord avec les mille et un détails dont son existence est tissée. Mais l'insistance mise de manière explicite sur la nécessité de vivre concrètement la non-dualité, ainsi que la large diffusion des enseignements non dualistes ont un caractère récent. Il faut l'inscrire comme un rappel obligatoire face à l'erreur occidentale qui tend à dissocier la doctrine de la vie de tous les jours, ce qui revient à dire que les Occidentaux, la plupart du temps, apprécient un enseignement d'un point de vue purement intellectuel sans essayer de l'incarner de tout leur être.

LE RÉEL

« De l'irréel conduis-nous au réel », dit la Brihadaranyaka-Upanishad.
    Le prophète Mohammed demande à Dieu : « O mon Dieu, montre-moi les choses telles qu'elles sont. »
    Sainte Thérèse de l'Enfant-Jésus émet la même prière : « O mon Dieu, je veux bien vous entendre, je vous en supplie, répondez-moi quand je vous dis humblement : Qu'est-ce que la vérité ? Faites que je vois les choses telles qu'elles sont, que rien ne me jette de poudre aux yeux. » (3)
    Ces prières ont pour point de départ une constatation : nous ne vivons pas dans le réel. Mais qu'est-ce que le réel ? Est-ce une réalité d'un autre monde, transcendante, inaccessible ? La prière du Prophète apporte un élément de réponse : « Fais-moi voir les choses telles qu'elles sont. » Il n'a pas demandé : « Fais-moi voir la réalité transcendante. »
    L'erreur généralement commise par la plupart des chercheurs est de croire qu'ils vivent dans le réel mais qu'il existe une réalité d'un autre ordre, divine, surnaturelle, à laquelle ils pourront accéder un jour. Le chercheur ignore qu'il ne voit même pas la réalité quotidienne, qu'il vit dans un monde irréel entièrement constitué de ses projections. Tout son effort doit porter avant tout

sur la destruction de ce monde imaginaire. La réalité métaphysique se révélera alors tout naturellement à lui et il s'apercevra qu'elle était là de tout temps mais qu'il ne l'avait jamais vue parce que ses projections obstruaient sa vision.

Pourquoi les enseignements spirituels, et notamment les voies de la connaissance, nous parlent-ils de la Réalité comme d'une chose extraordinaire, transcendante ? Elle est extraordinaire et transcendante uniquement par rapport à notre perception habituelle qui est entièrement déformée et fausse. Mais la réalité est en fait extrêmement simple. Elle est constituée par les choses telles qu'elles sont.

« Fais-moi voir les choses telles qu'elles sont », cela veut avant tout dire : « Je ne vois pas les choses telles qu'elles sont ». C'est la prise de conscience du fait que nous vivons sans cesse dans l'irréel. Le moindre événement, le plus petit fait qui survient dans nos vies est immédiatement déformé dès qu'il est perçu. Nous interprétons la réalité. Sur tout, nous projetons nos opinions, nos préférences, nos refus, nos craintes.

Rûmî explique ainsi la parole du Prophète :

> Montre-moi les choses telles qu'elles sont. L'homme est une grande chose, toutes choses sont écrites en lui, mais les voiles et les ténèbres ne lui permettent pas de découvrir les trésors qui scintillent en lui-même. LES VOILES ET LES TÉNÈBRES SONT DES OCCUPATIONS DIVERSES, DES PROJETS MULTIPLES ET DES DÉSIRS DE TOUTE SORTE. (4)

Les « occupations diverses, projets multiples et désirs de toute sorte » souligne le fait que l'homme reçoit tout ce qui se présente à lui dans une perspective égocentrique, au lieu de percevoir les choses en elles-mêmes.

> L'homme est lié aux choses par des liens purement subjectifs, en sorte qu'il n'est pas capable de les reconnaître telles qu'elles sont, et de les laisser parler par elles-mêmes. (...)
> La première vertu spirituelle est une objectivité incor-

ruptible. Le jugement d'un homme mûr n'est plus soumis à sa subjectivité; il parle des choses telles qu'elles sont. Il est libéré de son petit moi, de ses angoisses et de ses désirs qui lui cachent la vérité des choses.

Une des tâches les plus difficiles donnée à l'homme est de renoncer à lui-même, au désir de se mettre en avant, à vouloir que le monde corresponde à l'idée qu'il s'en fait. (5)

Karlfried Graf Dürckheim

Le réel ou la vie telle qu'elle est

Le réel n'est rien d'autre que la réalité quotidienne au sein de laquelle nous évoluons et que nous devons apprendre à redécouvrir. L'enseignement spirituel et la vie de tous les jours ne font qu'un. Tout dans nos vies est occasion de travail intérieur, tout est susceptible de nous faire accéder au réel.

> La vérité est-elle un mystère extraordinaire, hors d'atteinte, inimaginable, abstrait, ou quelque chose que l'on découvre d'instant en instant, jour après jour ? (...)
> La vérité doit être découverte et comprise dans chaque action, chaque pensée, chaque émotion, même banales et fugitives ; elle doit être observée à chaque instant de la journée ; elle doit être entendue dans ce que dit un conjoint, un ami, un étranger, et dans ce que l'on dit soi-même. Il se pourrait que votre façon de penser soit erronée, conditionnée, limitée ; vous en rendre compte, c'est cela la vérité. Cette découverte libère l'esprit de sa limitation. Si vous découvrez votre avidité — si c'est vous qui la découvrez, non si on vous la signale — c'est cela la vérité, et elle agira sur vous.
> La vérité n'est pas une chose que l'on puisse cueillir, accumuler, garder en dépôt et utiliser ensuite comme guide. (6)

> Ce qui importe, ce n'est pas d'adopter une philosophie de la vie, mais d'observer ce qui a lieu, en toute vérité, dans notre vie quotidienne, intérieurement et extérieurement. (7)

Le réel est votre vie dans le présent : cette rue pleine de monde, votre travail, vos relations immédiates. (8)

Nous cherchons toujours à jeter un pont entre ce qui est et ce qui devrait être ; et par là, donnons naissance à un état de contradiction et de conflit où se perdent toutes nos énergies. Notre esprit peut-il cesser de diviser, ne peut-il pas demeurer complètement avec ce qui est ? Et dans la compréhension de ce qui est, subsiste-t-il un conflit quelconque ? (9)

Ce qui *est* est illimité, et ne connaît pas de restriction. (8)

KRISHNAMURTI *

Nous faisons tous l'expérience de la négativité — de l'agression fondamentale consistant à désirer que les choses soient différentes de ce qu'elles sont.

Selon le Bouddha, il nous faut en premier lieu faire l'expérience de la vie telle qu'elle est. Percevoir la vérité de la souffrance, la réalité de l'insatisfaction.

Toutes les sectes et écoles bouddhistes s'accordent sur le fait que nous devons commencer par regarder en face la réalité de nos situations existentielles. (10)

Nous avons des opinions précises sur la façon dont les choses sont et devraient être. C'est la projection : nous projetons notre version des choses sur ce qui est là. (11)

La grande chose est, somme toute, de cultiver l'acceptation de tout ce qui se présente et ainsi n'aura-t-on pas à discriminer ou à être pris dans quelque lutte que ce soit. Voilà quelle est la technique essentielle de la méditation ; c'est quelque chose de parfaitement simple, de direct. (12)

Ailleurs, Chögyam Trungpa définit la connaissance transcendantale comme « la capacité de voir les situations telles qu'elles sont ». (11)

---

* Voir notice biographique page 91.

Assez étrangement, le transcendantal et le profond sont à l'usine. Cela ne vous illuminera peut-être pas d'y aller voir, cela ne vous paraîtra sans doute pas aussi agréable que les expériences spirituelles dont vous avez lu le récit mais, en quelque manière, la réalité se situe là, dans la relation que nous entretenons avec les problèmes quotidiens. (10)

Lorsqu'on est capable de vaincre la disposition romanesque et sentimentale, on découvre la vérité même dans un évier de cuisine. Toute l'affaire est donc de ne pas rejeter, mais de se servir de l'instant même, quelle que puisse être la situation, et de l'accepter, de l'admettre et de le respecter. (12)

Je suis désolé de n'offrir aucune promesse séduisante ou ensorcelante. Il se trouve que la sagesse est une affaire domestique. Bouddha vit le monde tel qu'il est et ce fut son illumination.

Le bouddhisme ne promet rien. Il nous apprend à être ce que nous sommes, là où nous sommes, constamment, et il nous enseigne à établir des relations en conséquence avec les situations de notre existence. (10)

Il ne faut pas s'en prendre à ce qu'on a autour de soi ; il ne faut pas s'en prendre aux autres ; il ne faut pas s'en prendre aux conditions extérieures : il ne faut pas vouloir changer quoi que ce soit mais simplement y entrer et s'efforcer de voir, d'observer. (12)

CHÖGYAM TRUNGPA, bouddhisme tibétain.

Le véritable objet (du Zen) est de voir les choses telles qu'elles sont, d'observer les choses telles qu'elles sont, et de laisser passer toute chose comme elle passe.

Nous devrions accepter les choses juste comme elles sont. C'est ainsi que nous comprenons tout, et que nous vivons dans ce monde. (13)

SHUNRYU SUZUKI, bouddhisme zen.

Si je vous frappe avec mon bâton (il le fait), vous criez « aïe ! » Cet « aïe ! » est tout l'univers. Qu'y a-t-il de plus ? (...)

Deux vers du *Mumonkan* disent : « Lorsque le soleil brille, ses rayons s'étendent sur toute la terre — Lorsqu'il pleut, la terre est mouillée. » Il n'y a là ni beauté ni laideur, ni vertu ni mal, rien, absolument rien de limité. (...)

Tout ce que vous avez à faire, c'est *seulement* de voir lorsque vous regardez et *seulement* d'entendre lorsque vous écoutez. Mais l'homme ordinaire en est incapable. Il mêle constamment des idées à ce qu'il éprouve. Lorsque vous touchez un poêle chauffé au rouge et que vous criez « aïe ! » la seule réalité évidente est « aïe ! ». Qu'y aurait-il d'autre ? (...)

Vous devez seulement saisir le fait que, lorsqu'il pleut, la terre est mouillée et que, lorsque le soleil brille, le monde s'éclaire. (...)

Pourquoi ne pouvez-vous accepter les choses telles qu'elles sont ?

Il en va de même pour notre vie quotidienne. Si vous ne vous distinguez pas des conditions de votre vie, vous vous délivrez de l'angoisse. En été vous vous adaptez à la chaleur et en hiver au froid. Si vous êtes riche, vous menez la vie d'une personne riche ; si vous êtes pauvre, vous vivez avec votre pauvreté. Si vous alliez au ciel, vous seriez un ange ; si vous alliez en enfer, vous deviendriez un démon. Au Japon, vous vivez comme une Japonaise, au Canada comme une Canadienne. Vécue de cette façon, la vie n'est pas un problème. Les animaux possèdent à un degré élevé cette faculté d'adaptation. Les humains l'ont aussi, mais ils sont constamment en conflit avec leur environnement et avec eux-mêmes parce qu'ils imaginent qu'ils sont ceci ou cela à cause des idées qu'ils se font sur ce qu'ils *devraient* être ou sur la façon dont ils *devraient* vivre.

Ce que nous appelons « vie » n'est qu'une succession de transformations. Si nous ne changeons pas, nous sommes sans vie. Nous grandissons et vieillissons parce que nous sommes vivants. La mort est la preuve que nous avons vécu. Nous mourons parce que nous sommes vivants. Vivre signifie naître et mourir. Création et destruction, voilà la vie.

Lorsque vous aurez compris vraiment ce principe fondamental, vous ne connaîtrez plus d'angoisse touchant votre vie et votre mort. Vous accéderez alors à un état d'esprit constant et vous serez heureux dans votre vie quotidienne. Même si le ciel et la terre étaient bouleversés, vous n'auriez pas peur, et si une bombe atomique ou à hydrogène explosait, vous n'éprouveriez aucune terreur. Dès lors que vous ne feriez qu'un avec la bombe, qui y aurait-il à craindre ? Impossible, dites-vous... Mais que vous le vouliez ou non, vous seriez forcés de ne faire qu'un avec elle, n'est-ce pas ? De même, si vous étiez pris dans un holocauste, vous seriez inévitablement brûlés. C'est pourquoi ne faites qu'un avec le feu, lorsqu'il n'y a pas d'autre issue ! Si vous connaissez la pauvreté, vivez-y sans révolte, et votre pauvreté ne vous pèsera pas. De même, si vous êtes riches, vivez avec votre richesse. Tout cela est manifestation de la nature-de-bouddha. Celle-ci, en bref, a le pouvoir de s'adapter à tout. (14)

Yasutani-Roshi, bouddhisme zen

La petite histoire zen suivante, que l'on retrouve d'ailleurs sous différentes formes dans d'autres traditions, illustre cette adaptation permanente à la vie telle qu'elle est :

Le maître Zen Hakuin était réputé dans tout le voisinage pour sa vie exemplaire.
Non loin de chez lui vivait une belle jeune fille japonaise. Ses parents, qui tenaient une épicerie, découvrirent un jour avec fureur qu'elle était enceinte.
Elle ne voulait pas avouer qui en était le père, mais pressée de questions, finit par dénoncer Hakuin.
En proie à une grande colère, les parents s'en allèrent voir le maître. Ses seules paroles furent : « Ah, oui ? »
A sa naissance, on porta l'enfant à Hakuin. Il avait alors perdu sa réputation, ce qui, d'ailleurs, ne le dérangeait guère.

Il prit grand soin du nouveau-né et se procura chez les voisins du lait et tout ce dont le nourrisson avait besoin.

Un an plus tard, la fille-mère ne put supporter plus longtemps une telle situation. Elle avoua à ses parents que le vrai père était un jeune poissonnier du marché.

Le père et la mère se rendirent aussitôt chez Hakuin pour obtenir son pardon et reprendre l'enfant.

Hakuin ne s'y opposa pas, et en leur remettant l'enfant, leur dit simplement : « Ah, oui ? » (15)

Au cours d'entretiens notés et publiés par son disciple indien R. Srinivasan, Swâmi Prajnanpad a montré avec une clarté qui ne laisse place à aucune objection le sens véritable de l'acceptation. Poursuivant sa démonstration avec une logique implacable, il pousse le disciple dans ses derniers retranchements, coupant court à toute tentative de compromis.

« Oui » devrait être votre seul mot dans la vie. Dites « Oui » à tout et ne déniez rien. (...) Voyez et sentez « Ce qui est ». Si vous pensez que quelque chose d'inutile ou de désagréable s'est produit, essayez de toutes vos forces d'en supprimer la cause. Si vous ne le pouvez pas, alors résignez-vous*. Vivez avec. Cela vous appartient. (...)

Ce qui ne peut pas être supprimé doit être accepté.

Il devrait y avoir soit acceptation soit refus. Si vous ne pouvez pas dire « Oui » dites « Non ». Il n'y a rien « entre ». « Entre » est une illusion. « J'accepte mais... ». C'est faux. Ce « mais » est un mais émotionnel. Si vous avez accepté quelque chose, vous l'avez accepté de tout votre cœur et totalement. Si vous êtes incapable d'accepter, rejetez-le, c'est-à-dire voyez pourquoi c'est là et essayez d'en supprimer la cause. Si la cause est supprimée, l'effet s'en ira aussi. Cependant, si vous êtes incapable de supprimer la cause, alors permettez d'être à ce qui est. Acceptez-le comme étant vôtre et ayez-en l'expérience (...). Et ainsi vivez avec dans la joie. Le senti-

---

* Voir note page 109.

> ment devrait être : « Oui, c'est ainsi ; que j'accepte ce qui est et que je me sente à l'aise avec. »
> Il n'y a pas d'issue en dehors de l'acceptation. Il ne devrait pas y avoir de refus sous quelque forme que ce soit. La frustration et la dépression surgissent uniquement parce qu'il y a refus et négation. (...)
>
> Puisque c'est arrivé, vous ne pouvez pas l'annuler. Alors ? Acceptez-le. Acceptez-le de tout votre cœur parce que c'est venu. C'est là. Pouvez-vous dire « Non, cela n'est pas arrivé ? » Non, vous ne le pouvez pas puisque *c'est*. Donc vous devez l'accepter *. (16)
>
> Swâmi Prajnanpad, hindouisme

Cette intransigeance est à rapprocher de celle du Christ : « Que ton oui soit oui, que ton non soit non ; car tout le reste vient du Malin. » (*Matthieu*, 5, 37.)
Bernadette Soubirous dit également, en parlant de l'attitude que doit avoir la religieuse :

> Dans la souffrance physique et morale d'une épouse de Jésus-Christ, on ne doit entendre que cette parole : « Oui, mon Dieu », sans *si*, sans *mais*... (18)

Ce *oui* constant permet la réinsertion au cœur du réel :

> Le Vrai ou le Réel est là, sinon nous ne pourrions jamais le découvrir et puis voici que nous sommes dans le non-vrai ; le Vrai, pour nous, est déformé, voilé. Et le Vrai, c'est ce qui est. (...) Mais comment (...) cette Réalité se manifeste-t-elle d'abord, pour nous ? Quelle est l'extrémité du fil d'Ariane qui avait guidé Thésée dans le labyrinthe et qui va nous guider, nous, de notre réalité relative actuelle jusqu'au bout du Chemin ?
> C'est la réalité telle qu'elle se manifeste pour moi, extérieurement et intérieurement. Et si cette première réalité-là est faussée, c'est la porte même vers la Vérité qui est faussée. (...) La porte de sortie de la prison, c'est la réalité immédiate. Cette réalité immédiate est à la fois

---

* Traduction de l'auteur.

le voile — et la Révélation, les deux en même temps, de la grande Réalité qui vous échappe.

Chercher la paix en soi en restant dans le conflit à l'extérieur de soi, c'est impossible. Il faut une fois pour toutes vivre réconcilié avec ce monde. (20)

Arnaud Desjardins

Si vous êtes en opposition avec le monde d'ici-bas, il n'y a pas de Nirvana*. Parce que c'est le monde d'ici-bas qu'il faut transformer en Nirvana. (21)

Vous percevez le monde extérieur, mais cette perception n'est pas pour autant dépourvue de rêveries. Elle s'ajoute et se superpose à votre rêverie, mais à l'intérieur le rêve continue. C'est pourquoi on ne voit pas ce qui est réel, même lorsque nous sommes soi-disant éveillés. Nous projetons nos rêves sur la réalité. Nous ne voyons jamais ce qui EST. Nous ne voyons que nos projections. (...)

Quand on dit que le monde est illusion, *maya*, ça ne veut pas dire que le monde n'existe pas : il existe. Mais ce que nous en voyons, notre vision est illusion. Nulle part il n'existe tel que nous le voyons. (22)

La recherche spirituelle, c'est arriver à faire la part de la réalité concrète, et celle de nos propres projections. Toute notre vie n'est que projection de nos rêves.

Vous n'êtes pas à la recherche de ce qui est, vous êtes à la recherche de ce que vous désirez. (...) Non pas que la réalité vous soit antagoniste, simplement vous n'êtes pas à l'écoute de la réalité, vous êtes à l'écoute de vos propres rêves.

Au lieu de me projeter moi-même, je veux savoir ce qui est. Non pas : je devrais être comme ceci ou la réalité devrait être comme cela. Quelle que soit la réalité, je veux la connaître, telle qu'elle est, toute nue. Sans pro-

---

* Nirvana : Réalisation pour les bouddhistes.

jection, sans interférence du « je ». Je veux l'affronter telle qu'elle est.

La recherche spirituelle signifie positivement affronter l'existence telle qu'elle est. (22)

Rajneesh *

L'homme est majeur dans la mesure où il retrouve toujours le courage de traverser les périodes sombres de la vie. Dans la mesure aussi où, accueillant et respectant le silence où résonne l'appel de la profondeur, il accepte de regarder sans voile la réalité du monde et de la laisser venir vers lui, sans crainte, telle qu'elle est. Grâce à son union à l'Etre, toute situation le trouve ouvert au monde, simplement et sans parti pris. Il sait voir le quotidien avec des yeux neufs. (23)

Karlfried Graf Dürckheim

Nous ne pouvons omettre de citer un passage saisissant de Grégoire de Nysse dans lequel il distingue la vérité de l'erreur, le réel de l'irréel ; ce texte est si dépouillé de toute coloration religieuse qu'on pourrait le croire extrait de l'*advaïta vedanta* :

La connaissance de ce qui est résulte de la purification de l'opinion qui porte sur ce qui n'est pas. C'est, à mon avis, la définition de la vérité d'être une saisie certaine de l'être ; l'erreur, elle, est une illusion qui se produit dans l'esprit et qui donne l'apparence d'exister à ce qui n'est pas ; la vérité au contraire est la ferme appréhension de ce qui est vraiment. Or il faut de longues périodes de temps passées dans le recueillement à méditer ces hautes questions, pour parvenir à saisir péniblement ce qu'est

---

* Voir notice biographique p. 92.

vraiment l'être qui possède l'existence par nature et ce qu'est le non-être qui a seulement l'apparence d'exister, mais qui n'a de lui-même aucune réalité. (24)

Grégoire de Nysse

La découverte du réel ne peut pas être générale, détachée du contexte de nos vies, elle se fait au contraire à travers les événements qui nous concernent intimement. Ceux-ci nous fournissent l'occasion d'éroder nos projections pour entrer en contact avec ce qui est. Quand un événement précis nous affecte, un travail intérieur peut s'opérer. Une question se pose alors avec acuité : voulons-nous oui ou non vivre dans le réel même si le réel, pour l'instant, signifie souffrance ou le refusons-nous dès qu'il s'avère douloureux ?

Si un homme surprend la femme qu'il aime et à qui il avait donné toute sa confiance en flagrant délit d'infidélité, il entre en contact brutal avec de la vérité. S'il apprend qu'une femme qu'il ne connaît pas, dont il entend pour la première fois le nom, dans une ville qu'il ne connaît pas davantage, a trompé son mari, cela ne change aucunement sa relation avec la vérité.
Cet exemple fournit la clef. L'acquisition des connaissances fait approcher de la vérité quand il s'agit de la connaissance de ce qu'on aime, et en aucun autre cas.
Amour de la vérité est une expression impropre. La vérité n'est pas un objet d'amour. Elle n'est pas un objet. Ce qu'on aime, c'est quelque chose qui existe, que l'on pense, et qui par là peut être occasion de vérité ou d'erreur. Une vérité est toujours la vérité de quelque chose. La vérité est l'éclat de la réalité. L'objet de l'amour n'est pas la vérité, mais la réalité. Désirer la vérité, c'est désirer un contact direct avec de la réalité. Désirer un contact avec une réalité, c'est l'aimer. On ne désire la vérité que pour aimer dans la vérité. On désire connaître la vérité de ce qu'on aime. Au lieu de parler d'amour de la vérité, il vaut mieux parler d'un esprit de vérité dans l'amour.

> L'amour réel et pur désire toujours avant tout demeurer tout entier dans la vérité, quelle qu'elle puisse être, inconditionnellement. Toute autre espèce d'amour désire avant tout des satisfactions, et de ce fait est principe d'erreur et de mensonge. L'amour réel et pur est par lui-même esprit de vérité. (25)
>
> Simone Weil *

La méthode pour accéder au réel : travailler sur les émotions

L'émotion est la preuve d'une perte de contact avec le réel. Elle est une inadéquation de notre être à la réalité. Si nous étions parfaitement adaptés à la réalité, il n'y aurait que constat pur et simple de ce qui se passe dans le monde. L'émotion témoigne d'un choc ressenti face à la réalité. L'essentiel est de voir qu'il y a décalage en nous par rapport au déroulement de la vie. C'est donc par le travail sur les émotions qu'il est possible de retrouver le contact avec le réel.

Les textes de Chögyam Trungpa, Arnaud Desjardins et Rajneesh dont nous donnons ici de larges extraits traitent exclusivement de la possibilité de vivre consciemment ses émotions au lieu d'être mené par elles. On notera la grande similitude de pensée entre les deux premiers auteurs qui envisagent trois attitudes différentes face aux émotions : extériorisation, refoulement et manière intelligente de travailler sur elles dans le texte de Chögyam Trungpa ; expression, répression et contrôle des émotions dans celui d'Arnaud Desjardins.

> Il faut travailler (...) sur les situations de la vie quotidienne qui impliquent l'amour, la haine, la dépression et ainsi de suite, les émotions subtiles mais fondamentales. (...) Les problèmes de la vie quotidienne sont un moyen de détruire nos références, notre confort et notre sécurité, et ils nous offrent une occasion d'entrer en relation

---

* Voir notice biographique page 93.

avec nos émotions. (...) Si les émotions sont inconfortables, douloureuses, frustrantes, c'est fondamentalement parce que nous n'entretenons pas avec elles une relation très claire. (...) D'où ce formidable conflit, cette impression que nos émotions nous submergent, et que nous perdons notre identité fondamentale, notre centre de commande.

La douleur de l'émotion provient donc de ce conflit, et la relation est toujours ambivalente. Mais quand quelqu'un est vraiment capable d'entretenir une pleine et profonde relation avec les émotions, celles-ci cessent désormais d'être un problème extérieur. Vous devenez capable de les approcher de très près, et la guerre entre vos émotions et vous-même — vous et vos projections, vous et le monde du dehors — devient transparente. Cela implique la disparition des barrières dualistes mises en place par les concepts, ce qui est l'expérience de shunyata, l'absence de concepts dualistes, le vide.

A vrai dire, nous ne voyons pas complètement les choses telles qu'elles sont (...) Voir les choses signifie les accepter telles qu'elles sont (...) En fait, il est extrêmement intéressant de remarquer que nous ne voyons que notre propre version solide du monde. Aussi la perception est-elle très individualisée, centrée sur la conscience de soi. (...)

Il s'agit de devenir *un* avec les émotions. Une telle approche contraste avec les attitudes habituelles de refoulement ou d'extériorisation. Il est extrêmement dangereux de tenter de refouler les émotions, sous le coup de la terreur et de la honte ; cela signifie que l'on n'entretient pas avec elles une relation réellement ouverte. Tôt ou tard, elles surgiront et ce sera l'explosion.

Il existe une autre possibilité. Si l'on ne refoule pas les émotions, on s'expose en sortant de sa coquille à être emporté par elles. Cette attitude trouve également son origine dans une espèce de panique, dans une relation confuse avec les émotions ; vous ne vous êtes pas correctement réconcilié avec vos émotions. C'est une autre façon de fuir l'émotion réelle, une autre fausse détente.

La conscience et la matière sont confondues, on suppose que la pratique physique des émotions, leur réelle mise en œuvre, soulagera l'irritation qu'elles causent. Or elles en sortent généralement renforcées, encore plus puissantes. La relation entre la conscience et les émotions n'est pas ici très claire.

La manière intelligente de travailler sur les émotions consiste à essayer de communiquer avec leur substance fondamentale, leur qualité abstraite, pour ainsi dire. La qualité fondamentale des émotions, leur nature primordiale est simplement l'énergie. Lorsqu'une personne veut communiquer avec l'énergie, les formes que prend celle-ci n'entrent pas en conflit avec elle, mais deviennent un processus naturel. Aussi bien le refoulement que le défoulement deviennent inadéquats lorsqu'on est complètement à même de voir la caractéristique fondamentale des émotions qui est shunyata. Le mur entre vous et vos projections, l'aspect hystérique et paranoïaque de votre relation à vos projections, vous l'avez démoli, ou plus exactement vous voyez au travers. Lorsque aucune panique n'intervient dans la relation avec les émotions, vous pouvez les aborder correctement, vous êtes alors semblable à un homme habile dans son métier qui ne panique pas, mais fait simplement son travail à fond.

Sans considérer aucun élément de nous-mêmes comme vil ou hostile, nous tâchons de tout utiliser comme partie du processus naturel de la vie.

La vision des émotions telles qu'elles sont nous offre le matériau d'un travail créateur.

Le « rugissement du lion » est la proclamation intrépide de la possibilité d'un travail sur tous les états d'esprit — y compris les émotions (...)

On réalise que les situations chaotiques ne doivent pas être rejetées, et qu'il ne faut pas non plus les considérer comme des régressions ou des retours à la confusion. NOUS DEVONS RESPECTER TOUS LES ÉTATS DE NOTRE CONSCIENCE. Le chaos devrait être considéré comme une excellente nouvelle...

Il y a plusieurs étapes dans la relation avec les émotions, il faut les voir, les entendre, les flairer, les toucher et les transmuter. Dans le cas de voir les émotions, nous avons globalement conscience de l'espace et du développement propres aux émotions. Nous acceptons ces dernières comme faisant partie intégrante de la structure de l'esprit, sans question, sans référence aux écritures, nous reconnaissons directement qu'elles sont ainsi, que ces phénomènes se produisent. Les entendre implique l'expérience de la pulsation de ces énergies, de ce flux énergétique lorsqu'il jaillit vers nous. (...)

Vos émotions, (...) ne sont pas particulièrement destructrices ou folles, mais bien plutôt un jaillissement d'énergie, quelle que soit la forme qu'elles prennent — agressive, passive ou possessive. Dans la transmutation, il ne s'agit pas de rejeter les qualités fondamentales des émotions. Mais plutôt, comme dans la pratique alchimique de transmutation du plomb en or, sans rejeter les qualités fondamentales du matériau, on en modifie quelque peu les apparences et la substance. On fait donc l'expérience du jaillissement des émotions, mais on n'en travaille pas moins sur celles-ci, on devient un avec elles. Le problème habituel est que, lorsque surgissent les émotions, nous nous sentons menacés par elles, nous craignons qu'elles ne submergent notre existence propre ou qu'elles ne défassent les références de notre existence. En effet, lorsque nous incarnons la haine ou la passion, nous n'avons plus aucune référence personnelle. Voilà pourquoi, en général, nous réagissons contre les émotions : elles pourraient nous vaincre, nous le sentons, nous risquons de craquer, de perdre la tête. Nous avons peur que l'ampleur de l'agression et de la dépression devienne tellement énorme que nous perdions notre capacité de fonctionner normalement.

On a peur d'un trop-plein d'émotion, on craint d'y succomber et de perdre sa dignité, son rôle d'être humain. La transmutation implique la traversée d'une telle peur.

LAISSEZ-VOUS ALLER À L'ÉMOTION, TRAVERSEZ-LA, ABANDONNEZ-VOUS À ELLE, EXPÉRIMENTEZ-LA. VOUS COMMENCEZ À ALLER VERS L'ÉMOTION PLUTÔT QUE DE FAIRE SIM-

PLEMENT L'EXPÉRIENCE DE SA VENUE VERS VOUS. Une relation, une danse, s'ébauche. Alors les énergies même les plus puissantes deviennent absolument traitables au lieu de l'emporter sur nous car il n'y a rien à emporter si nous n'opposons aucune résistance. (...)
Tout ce qui survient dans la conscience samsarique est considéré comme le sentier : tout est traitable. C'est une proclamation intrépide, le rugissement du lion. (...) toute situation existentielle est œuvrable. Il n'y a rien qui soit rejeté comme mauvais ni saisi comme bon. Au contraire, toute expérience qui surgit dans nos situations existentielles, toute sorte d'émotion est œuvrable. Nous voyons très clairement qu'il est inutile d'essayer d'appliquer le point de repère de nos références. Nous devons travailler pour entrer complètement et parfaitement dans la situation.
(...) Si nous sommes capables de traiter directement les émotions, il n'est plus besoin d'aide extérieure ou d'explications. La situation se soutient d'elle-même. Toute aide extérieure devient références. Ainsi se développe l'aide auto-existante. Il n'y a plus à éviter le problème des références parce qu'il n'y a plus de place pour la spéculation ou la rationalisation. Tout devient évident et immédiat, œuvrable.

On apprécie dans la vie la joie comme la peine. Le rapport avec les émotions cesse de faire problème. Les émotions sont ce qu'elles sont, ni supprimées ni entretenues, mais simplement reconnues. (10)

CHÖGYAM TRUNGPA

Il existe un Chemin appelé « Jnana Yoga », « Libération par la Connaissance ». Je croyais, comme tant d'autres, que cela signifiait : Libération par la Connaissance de l'Atmân — « connaître CELA dont la Connaissance fait que nous connaissons tout le reste » — qu'il y avait à tenter de connaître cet Atmân et que, si je connaissais cet Atmân, tout serait résolu. (...)

C'est auprès de Swâmiji* que j'ai découvert le sens tout à fait différent de cette expression « Yoga de la Connaissance » ou « Libération par la connaissance ».
« Libération par la connaissance » signifie qu'on est libre de ce qu'on connaît. Ce n'est pas qu'il y ait à connaître une Réalité grâce à laquelle on sera libre, mais qu'on est libre de ce qu'on connaît vraiment. (...) Et Swâmiji m'a fait comprendre : Vous n'avez aucune connaissance réelle de vos pensées, de vos émotions, de vos sensations — de tous vos fonctionnements — parce que vous n'avez jamais *été* réellement, sans dualité à la lumière de la vigilance, vos pensées, vos sensations, vos émotions. Il y a toujours eu un certain décalage ; ce qui fait que vous n'avez jamais connu ce que vous avez vécu. (...)

La preuve que vous n'êtes pas libres, puisqu'il s'agit de Libération, ce sont les émotions. Grandes ou petites, intenses ou minimes, fréquentes ou plus rares, éphémères ou durables, ce sont les émotions. Et pourquoi est-ce que vous n'êtes pas libres de vos émotions ? Parce que vous ne les connaissez pas. Libération par la connaissance signifie qu'on est libre de ce qu'on connaît réellement ; et connaître, c'est être — consciemment. Si vous voulez être libres de vos émotions, il faut avoir la connaissance réelle, immédiate, de vos émotions. Et c'est ce qu'il y a de plus rare. Quelqu'un peut avoir passé sa vie dans les désespoirs, les angoisses, les anxiétés, les colères et les jalousies, sans connaissance réelle de ses émotions. Et on peut pratiquer beaucoup d'ascèses yogiques ou méditatives sans avoir la connaissance réelle des émotions, parce que, lorsque les émotions sont là, il n'y a plus de méditation et quand la méditation est là, il n'y a pas d'émotion. (..)

Comment pouvez-vous être vraiment libre de ces émotions en les connaissant ? Comment pouvez-vous les connaître ? *En étant, sans dualité, ému.* Là je soulève une grosse question. Pratiquement, depuis votre enfance, on vous a empêché d'être émus. On vous a reproché vos

---

* Shri Swämi Prajnanpad, maître hindou, dont Arnaud Desjardins a été le disciple.

émotions. L'expression de vos émotions gênait les uns et les autres, les mettait mal à l'aise. On vous a fait honte de pleurer. (...)

Ce qui fait que, tout en étant toujours emporté à longueur d'année par les émotions, on ne les vit plus jamais pleinement, totalement, consciemment — « sans un second », c'est-à-dire sans créer autre chose que l'émotion : je ne devrais pas être ému, je ne suis pas content d'être ému ; que c'est pénible d'être malheureux ; j'en ai assez d'être toujours triste, j'en ai assez de souffrir ; je suis en train de me ridiculiser, etc.

Je suis bien d'accord que les conditions de l'existence ne permettent pas d'exprimer les émotions n'importe où, n'importe quand, à tort et à travers. Autant que possible, vous cherchez à éviter de montrer votre désespoir à vos propres enfants ou d'avoir des colères trop violentes dans l'Entreprise où vous travaillez car elles finiraient par vous faire du tort. Mais vous arrivez à cette impasse, de fuir perpétuellement les émotions qui continueront à s'accrocher à vous d'autant plus que vous les fuirez.

Il faut que vous voyiez en face cette vérité : je ne peux être libre des émotions que si j'en ai la connaissance véritable ; et connaître, c'est être. Je ne peux avoir la connaissance de la tristesse que si je suis pleinement, parfaitement triste. Et, plus difficile : je ne peux avoir la connaissance de la colère que si je suis pleinement, parfaitement en colère. Comment allez-vous être pleinement et parfaitement en colère sans exprimer celle-ci — par conséquent sans risquer de frapper, de blesser et vous retrouver devant un Tribunal où vous aura traîné votre victime ?

Quelle que soit la difficulté de connaître les émotions, de connaître la colère en étant en colère, de connaître l'angoisse en étant angoissé, vous devez vous rendre compte qu'il n'y a pas d'autre issue. Alors... est-ce vraiment sans issue ? Tout dépend de votre certitude à cet égard et de votre attitude intérieure. Et vous pouvez sentir la valeur de ces trois termes, que j'ai bien souvent utilisés : expression, répression et contrôle. L'expression, le mot le dit bien, c'est ex — au-dehors — pression : pousser au-dehors ce qui nous opprime ou nous oppresse. Réprimer, c'est l'enfouir à l'intérieur. (...)

Toute émotion — un bonheur momentané ou une souffrance est toujours une forme prise par l'Énergie Fondamentale en vous, comme une grande vague qui se lève avant de retomber. Si vous pouvez être ému, tout en contrôlant, c'est-à-dire en ne manifestant pas ou peu — mais sans refuser vous pourrez *être consciemment ému et avoir une connaissance de l'émotion.* Simplement, vous ne l'exprimerez pas au-dehors. La tragédie de l'émotion, c'est le refus ; c'est le « *denial* » — la négation — ; c'est la tentative de répression. Et cette tentative est à peu près permanente ; c'est pour cela qu'il y a si peu de progrès sur le Chemin. Les émotions pénibles ou douloureuses sont fondamentalement refusées ; par conséquent, vous n'êtes plus unifié dans l'émotion. Une dualité se crée ; je ne devrais pas être ému. L'émotion est elle-même le fruit d'un premier refus : ce fait ne devrait pas être ce qu'il est. Et l'émotion pénible est à son tour refusée, plus ou moins explicitement, plus ou moins consciemment ; tout votre être souffre de souffrir et crée un second conflit entre l'émotion et vous.

Dans le conflit, il n'y a aucune connaissance possible de l'émotion. On peut être réputé pour ses accès de désespoir ou pour ses colères, et mourir sans avoir la moindre connaissance réelle de ce qu'est l'émotion. (...) Si vous pouvez, quand vous êtes ému, être vraiment ému — c'est-à-dire accepter complètement la réalité de l'émotion, sans créer un second (je ne devrais pas être ému), vous pouvez être ému sans dualité et, dans la plupart des cas, vous pouvez en même temps contrôler. Seulement, aujourd'hui, vous confondez encore le contrôle et la répression. Ce que vous appelez contrôler, c'est réprimer. Vous réussissez à ne pas vous mettre en colère ou à sourire malgré vos malheurs, sur la base irrémédiablement mensongère d'une dualité : je ne devrais pas être ému ; je suis triste, mais je ne suis pas d'accord pour être triste. (...)

Il n'y a pas que l'expression pleine et entière des émotions qui permet de s'en libérer. (...)

Si vous le voulez vraiment, vous pourrez être ému tout en contrôlant. Cela n'a rien à voir avec la répression. Je suis triste — un, sans un second ; je suis triste et il n'y a rien à ajouter à cette tristesse. Ici, maintenant, je suis triste. De cette façon seulement, vous pouvez avoir une connaissance réelle des émotions ; et seule cette connaissance conduit à la Liberté. Vous n'avez pas la preuve que c'est vrai parce que vous ne l'avez pas tenté. Jusqu'à aujourd'hui, vous avez vécu vos émotions sans en avoir la connaissance réelle puisque vous ne les avez pas vécues unifié et conscient, et que vous êtes entouré de gens qui les ont toujours vécues divisés, souffrant de souffrir et rajoutant dualité sur dualité. Je souffre, je souffre de souffrir, je souffre de souffrir de souffrir, je souffre de souffrir de souffrir de souffrir de souffrir... L'émotion n'est faite que de refus. Ou, au contraire, dans les émotions dites heureuses, je suis heureux ; je suis heureux d'être heureux, je suis heureux d'être heureux d'être heureux — vous en rajoutez également. (...)

La grande découverte pour moi, auprès de Swâmiji, fut de comprendre que je ne connaissais pas ce que je croyais connaître, et que c'était pour cela que je n'en étais pas libre.

Vos émotions empoisonnent vos existences mais elles ne sont pas réelles, parce qu'elles sont soit refusées, soit exagérées s'il s'agit d'émotions heureuses. (19)

Arnaud Desjardins

Le tantrisme accepte toutes les énergies qui sont en vous. Il ne rejette rien, il cherche la transformation. Et le premier pas vers la transformation, c'est d'accepter. Il est très difficile d'accepter. Vous pouvez vous mettre en colère plusieurs fois par jour, mais vous n'acceptez pas votre colère. Pourquoi ? Vous ne trouvez pas qu'il est très difficile de se mettre en colère, alors pourquoi trouveriez-vous difficile de l'accepter ? Parce que le fait de se mettre en colère ne vous semble pas aussi condamnable que le fait d'accepter cette colère. Chacun pense de soi qu'il est bon, que la colère n'est que momentanée.

C'est une vague qui vous submerge, puis se retire. Elle ne détruit pas l'image que vous avez de vous. Vous restez bon. Elle n'est pas destructrice pour votre ego.

Les plus astucieux s'en repentent immédiatement. Ils se mettent en colère et puis ils se repentent. Ils demandent pardon. C'est véritablement une astuce, parce que la colère ébranle l'image de soi. On se dit, « comment ? Moi, je me mets en colère ? Y a-t-il tant de mal en moi ? » L'image de l'homme vertueux est entamée. Alors, on essaie de la rétablir. On s'excuse, « ce n'était pas bien de ma part. Je ne le referai plus. Pardonnez-moi. » Et l'on fait comme si rien ne s'était passé.

Voilà comment vous pouvez continuer toute votre vie à vous mettre en colère, à désirer, à être possessif, à être ceci ou cela, sans jamais accepter. C'est un truc du mental. Ce que vous faites reste superficiel. Vous pensez qu'au fond, vous êtes bon. Si vous acceptez la colère comme faisant partie de vous-même, vous ne pouvez plus penser que vous êtes bon. LA COLÈRE N'EST PLUS MOMENTANÉE. ELLE FAIT PARTIE DE VOTRE NATURE. Elle n'est pas due à une irritation extérieure. Même quand vous êtes seul, la colère est là. Même quand vous n'êtes pas en colère, la colère est là. C'est votre énergie. C'est un élément de vous-même.

Ce n'est pas qu'elle explose parfois puis s'évanouit. Elle ne peut pas exploser si elle n'est pas toujours présente. Vous pouvez ouvrir la lumière et fermer la lumière. Mais le courant n'est pas coupé. Si le courant était coupé, vous ne pourriez ni ouvrir ni fermer la lumière. Le courant de la colère, le courant sexuel, ne sont jamais coupés. Vous pouvez les allumer ou les fermer, selon les situations, mais ils ne sont jamais coupés.

« Accepter » signifie que la colère n'est pas un acte. La colère, c'est VOUS. La luxure n'est pas un acte, c'est VOUS. L'avarice n'est pas un acte, c'est VOUS. Accepter signifie rejeter l'image de soi. Et nous nous sommes tous construit de magnifiques images de nous-mêmes. Vraiment merveilleuses. Et nous les protégeons jalousement. C'est ainsi que vous pouvez vous mettre en colère, céder à vos désirs, sans en être troublé. Si vous acceptiez, si vous disiez, « je suis colère, je suis luxure, je suis avarice », cette belle image s'effondrerait.

Pour le tantrisme, c'est le premier pas — et le plus difficile : vous accepter tel que vous êtes. Il arrive parfois que nous nous acceptions, mais nous le faisons toujours d'une manière très calculée. La duplicité du mental est sans limite. Nous acceptons la colère seulement à partir du moment où nous pensons à la manière de la transcender. Nous disons, « très bien. Je suis en colère. Maintenant, dites-moi comment aller au-delà. » L'image de soi est ainsi restaurée dans l'avenir.

Vous êtes violent, par exemple, et vous cherchez désespérément à ne pas l'être. Alors, vous dites, « très bien, je suis violent. Aujourd'hui, je suis violent, mais demain je ne le serai plus. » Vous projetez votre image dans le futur. Vous ne pensez pas à vous dans le présent. Vous pensez toujours en termes d'idéal — la non-violence, l'amour, la compassion. Vous êtes alors dans l'avenir. Le moment présent est déjà le passé. Votre véritable moi existe dans l'avenir et vous continuez ainsi à vous identifier avec des idéaux. Ces idéaux sont également une manière de ne pas accepter la réalité. Vous êtes violent, un point c'est tout. Le présent est la seule chose qui existe. L'avenir n'est pas. Vos idéaux ne sont que des rêves. Ce sont des trucs pour vous empêcher d'avoir la vision juste. (...)

Le tantrisme dit ainsi que l'homme cupide ne peut pas devenir généreux, et que le violent ne peut pas devenir doux. Cela semble très pessimiste a priori. Si c'est ainsi, on ne peut rien faire. Et dans ce cas, quel est l'intérêt du tantrisme ? Si la cupidité ne peut pas se transformer en générosité, si la violence ne peut pas se transformer en douceur, si l'obsession sexuelle ne peut pas être dépassée, quel est l'objet du tantrisme ?

LE TANTRISME NE DIT PAS QU'IL N'Y A RIEN À FAIRE. ON PEUT FAIRE QUELQUE CHOSE, MAIS DANS UNE AUTRE DIMENSION. L'esprit cupide doit comprendre qu'il est cupide, et l'accepter, au lieu d'essayer de ne pas être cupide. L'homme cupide doit prendre conscience de la profondeur de sa cupidité et non pas essayer de s'en éloigner ou de s'accrocher à un idéal complètement opposé à sa nature. Il faut qu'il reste dans le présent, qu'il vive sa cupidité, qu'il sache et comprenne qu'il est cupide. Si vous parvenez à rester, à vivre avec votre cupidité, votre luxure, votre colère, votre ego se dissoudra. C'est la première chose et cela sera un miracle !

Nombre de personnes viennent me voir pour me demander comment détruire l'ego. Il faut d'abord regarder ce qui constitue l'ego, avant de pouvoir le détruire. Vous êtes cupide et vous pensez que vous ne l'êtes pas ; voilà l'ego. Si vous savez et acceptez totalement le fait d'être cupide, l'ego n'a plus de place. Si, quand vous êtes en colère, vous le sentez profondément, vous sentez profondément votre faiblesse, la colère n'a plus sa place. Qui que vous soyez, acceptez-vous, acceptez-vous totalement.

C'est le refus d'accepter sa nature qui crée l'ego. Le refus d'être tel que l'on est, le refus de votre *tathata*, de ce que vous êtes. Si vous vous acceptez, l'ego ne peut exister. Si vous ne vous acceptez pas, si vous rejetez votre état, si vous créez des idéaux pour le combattre, l'ego ne pourra pas disparaître, parce qu'il se nourrit d'idéal. (...)

Acceptez ! Quand tout est accepté, tout est transcendé. Qui accepte ? Qui accepte le Tout ? C'est vous qui acceptez, et c'est vous qui allez au-delà. L'acceptation est la transcendance. Si vous vous acceptez totalement, brusquement, vous êtes au centre de vous-même. Vous ne pouvez pas vous réfugier autre part ; vous ne pouvez plus bouger de votre état, de votre nature. Vous êtes au centre de vous-même.

Toutes les techniques tantriques dont nous parlons, que nous essayons de comprendre représentent différentes façons de vous jeter au centre de vous-même, de vous arracher à la périphérie. Vous essayez de vous échapper de multiples façons. Les idéaux sont de bonnes échappatoires. L'idéaliste possède le plus subtil des egos.

Quand vous êtes violent et que vous vous créez un idéal de non-violence, que se passe-t-il ? Le besoin d'entrer en soi, d'entrer dans sa violence n'existe pas. Le seul besoin qui importe, c'est de penser à la non-violence, de s'informer sur la non-violence et d'essayer de la pratiquer. Vous vous échappez de vous-même, vous êtes à la périphérie, mais vous ne pourrez jamais toucher le centre. (21)

Rajneesh

S'accepter soi-même

Pour travailler sur ses émotions, il faut apprendre à les connaître, à les étudier et faire preuve de neutralité à leur égard. Le travail sur les émotions passe donc par l'acceptation inconditionnelle de nous-mêmes, de tous les phénomènes qui se déroulent en nous. Il faut dépasser tout jugement dualiste de bien et de mal quand on s'étudie et se contenter d'observer ce qui a lieu.

Il faut vous accepter tel que vous êtes. Ne vous condamnez pas, ne condamnez pas les autres. La condamnation est futile, elle ne transforme pas les énergies.

Le premier pas en avant est d'accepter. Collez au fait. Collez au fait de votre colère, de votre cupidité, de votre luxure. Et explorez le fait dans sa « facticité ». Ne restez pas à l'extérieur, à la surface. Explorez le fait dans sa totalité, suivez-le jusqu'à ses racines les plus profondes. Parce qu'alors vous pourrez le transcender. Si vous connaissez votre colère jusqu'à ses racines les plus profondes, vous en deviendrez le maître. La colère devient alors un simple instrument, et vous pourrez l'utiliser.

Quel que soit ce que vous considérez comme votre ennemi — l'avarice, la colère, le sexe, etc. — c'est parce que vous les considérez comme tels qu'ils sont vos ennemis. Acceptez-les plutôt comme des dons divins. Soyez reconnaissants de les éprouver.

Acceptez-vous tels que vous êtes. Voilà le principe de base — l'acceptation totale. Et ce n'est qu'en vous acceptant totalement que vous pourrez croître. En utilisant toutes les énergies que vous possédez. Comment ? En les acceptant. Puis en découvrant leur nature.

Vous êtes un grand mystère, un mystère composé d'énergies multiples, multi-dimensionnelles. Acceptez-le et acceptez chaque énergie avec sensibilité, avec conscience, avec amour, avec compréhension. Vivez avec elles !

Soyez un ! C'est par l'acceptation que vous deviendrez un et non pas par le combat. Acceptez le monde, acceptez votre corps, acceptez tout ce qui lui est inhérent. (...) Soyez simplement conscient de ce que vous êtes. (21)

RAJNEESH

Il faut utiliser le matériel existant, ce qui est déjà là. Il faut nous accepter tels que nous sommes, et non pas tels que nous voudrions être, c'est-à-dire abandonner l'auto-illusion et les raisonnements désirants. Il nous faut reconnaître et accepter l'ensemble de notre structure personnelle et des caractéristiques de notre personnalité, et c'est à partir de là que nous aurons une chance de trouver quelque inspiration. (11)

Il est dit, dans le *Lankâvatâra-sûtra* si je ne me trompe, que les fermiers sans expérience jettent leur fumier et achètent de l'engrais aux autres paysans, alors que le cultivateur averti récolte et amasse son propre fumier malgré la puanteur et le sale travail, et que lorsqu'il est prêt à être utilisé, il le répand sur sa terre pour tirer de là sa moisson. Telle est la méthode habile. Et le Bouddha dit exactement de la même manière que ceux qui ne savent s'y prendre, les maladroits, veulent séparer le pur et l'impur (...), tandis que ceux qui sont d'habiles Bodhisattvas ne veulent pas se débarrasser du désir, des passions et de tout le reste, mais au contraire recueillent et amassent tout cela ensemble. C'est-à-dire qu'il faut premièrement les reconnaître et les admettre, puis aussi les étudier et les amener à la réalisation. Donc le Bodhisattva pertinent reconnaîtra et acceptera toutes ces choses négatives. Et il sait réellement, cette fois, qu'il a

en lui du nauséabond et qu'il n'y a pas moyen de faire autrement pour commencer, même s'il paraît difficile et peu ragoûtant de travailler dessus. (...)
Ainsi naîtront d'éléments impurs la semence et le grain de la réalisation. Voilà comment on la fait naître, comment on a à lui donner naissance. Et la seule idée que les concepts soient une mauvaise chose, que ceci ou cela soit mauvais, divise ce qui forme un tout et a comme résultat de ne vous laisser rien sur quoi et avec quoi agir. (...)
La chose à faire, par conséquent, c'est de ne plus se battre, de ne pas chercher à expulser les mauvaises choses en voulant réaliser seulement les bonnes, mais au contraire de les prendre en considération et de les accepter. (12)

Chögyam Trungpa

Chögyam Trungpa recommande ailleurs « de se tenir compagnie, de faire l'amour avec soi-même, d'être ami avec soi. Alors les pensées, les émotions, tout ce qui surgit dans l'esprit accentue constamment l'acte d'entrer en amitié avec soi-même ». (11)

Krishnamurti parle de « la nécessité de vivre avec soi-même tel que l'on est, et non tel qu'on devrait être ou tel que l'on a été. Voyez si vous pouvez vous voir sans émotion, ni fausse modestie, ni crainte, ni justifications ou condamnations, si vous pouvez vivre avec vous-mêmes tels que vraiment vous êtes ». (7)

Ce que vous êtes, vous l'êtes ! Acceptez-le de tout votre être et pas seulement intellectuellement. (...)
Ne vous reniez pas ni aucune part de vous-même*. (16)

Swami Prajnanpad

---

* Traduction de l'auteur.

LA LIBÉRATION PAR LA CONNAISSANCE

Il existe une équation directe, nous l'avons vu*, entre la connaissance d'une chose et la libération vis-à-vis de cette chose. La parole du Christ : « La vérité vous rendra libres » illustre ce thème que l'on retrouve identique chez Krishnamurti :

> Ce n'est que dans la compréhension de ce qui *est* qu'on est délivré de ce qui est. (8)

Cette loi peut également s'appliquer au désir qui constitue notre esclavage intérieur. Tous les chemins spirituels s'accordent pour dire que le but est atteint quand tous les désirs sont tombés. La plupart de ceux qui s'engagent dans des voies spirituelles n'ont cependant pas, d'emblée, la maturité requise pour renoncer à la satisfaction de leurs désirs, quelle que soit la sincérité de leur recherche. Ils ont encore des expériences à faire dans le monde avant de pouvoir aller au-delà. Il existe, en conséquence, deux méthodes menant au dépassement du désir : la première est celle du renoncement qui exige une envergure intérieure que très peu d'êtres possèdent ; la seconde est celle de l'accomplissement *conscient* des désirs.

Vivre avant de renoncer

> Tel, qui avait été prince, riche, possesseur d'un vaste harem et d'esclaves, comme le Bouddha dans sa jeunesse, disait à ceux qui venaient le trouver : plaisirs et richesses sont vains et méprisables. Et beaucoup, qui n'avaient jamais rien goûté ni possédé, renonçaient à ce qu'ils n'avaient pas, se privaient de tout pour ne trouver rien ; le maître avait fait tout le voyage d'une vie

---

* Voir page 65.

humaine, et disait : je m'arrête ; eux s'arrêtaient avant d'être partis. Ainsi l'expression toute nue d'une connaissance vécue peut induire l'auditeur en l'erreur exactement opposée, si l'auditeur n'a pas d'abord le désir de connaître en vivant. (26)

René Daumal

Mahavir* (...) suivait la voie du yoga, mais il ne rejetait pas l'énergie sexuelle. Il la connaissait, il l'avait vécue, il en avait une connaissance profonde. Mais elle lui était devenue inutile et il l'a abandonnée. Bouddha suivait la voie du yoga, mais il avait vécu dans le monde. Il le connaissait profondément. Il ne luttait pas.
C'est lorsque l'on connaît profondément quelque chose qu'on s'en libère. Cela se détache de vous comme une feuille morte se détache d'un arbre. Ce n'est pas une renonciation ; il n'est pas question de lutter. REGARDEZ LE VISAGE DE BOUDDHA. IL NE LUTTE PAS. IL EST DÉTENDU. SON VISAGE EST LE SYMBOLE MÊME DE LA RELAXATION. (21)

Rajneesh

J'ai compris en même temps la vanité des biens de ce monde et la vanité de cette formule biblique considérée dans un sens trop général. Les biens de ce monde, en effet, ne se révéleront vides et factices qu'à l'homme qui, comme moi, dans leur plénitude les goûta. (27)

Jacques Audiberti

Jésus a dit :
celui qui a trouvé le monde
et est devenu riche,
qu'il renonce au monde !

Évangile selon Thomas

---

* Mahavir : fondateur du Jaïnisme.

Voici le commentaire que Philippe de Suarez fait de ce Logion :

> Jésus, avec son réalisme coutumier, loin de prôner une vertu par défaut, une vertu du non-vécu qui trouverait sa récompense dans le ciel, nous présente des personnages qui, s'ils renoncent au monde, savent ce à quoi ils renoncent. (17)

Vivre ses désirs consciemment

> Le tantrisme dit, soyez conscient de votre désir. Ne luttez pas contre lui. Vivez votre désir. Vivez-le et soyez-en conscient. Alors, vous le transcenderez. (21)
>
> Expérimentez chaque situation, chaque désir, connaissez-les. Ne renoncez jamais prématurément. (...)
> La maturité, pour le chercheur spirituel, c'est d'entrer dans la vie sans aucune crainte, la connaître dans ses moindres recoins. La connaître tant et si bien, que rien ne reste dans l'ombre. (22)
>
> Rajneesh

> Soyez consciemment présents pour satisfaire vos désirs et non pas que vos désirs s'accomplissent à vos dépens.
>
> Swâmi Prajnanpad

> C'est la connaissance qui nous libère. Nous ne sommes pas libres et nous ne serons jamais libres de ce que nous ne connaissons pas. Cela s'applique, par exemple, à l'accomplissement conscient de certains

désirs. (...) Vous êtes esclaves d'une *vasana** que vous portez en vous et que vous ne connaissez pas. Mais en la vivant consciemment, vous pouvez en être libre. Voilà un aspect de moi que j'ai vécu : j'ai voulu le danger, je l'ai vécu consciemment ; j'ai voulu l'amour, je l'ai vécu consciemment ; j'ai voulu le succès, je l'ai vécu consciemment. Chacun de vous peut voir ce qu'il porte en lui, qui doit être accompli. Donc, je le connais — donc, j'en suis libre. Ce dont je ne suis pas libre, c'est ce qu'il me reste à connaître. (19)

Quant à la satisfaction des désirs nécessaire pour que l'ego ne soit pas seulement un cri de frustration, elle doit être une satisfaction consciente et unifiée. Si, au moment même où je satisfais un désir, une part de moi n'est pas d'accord, il n'y aura pas satisfaction. (20)

Arnaud Desjardins

LE « MATÉRIALISME SPIRITUEL »

Quand les enseignements contemporains insistent sur la nécessité d'un travail dans la vie quotidienne, ils mettent le débutant en garde contre une fausse interprétation du chemin spirituel. A notre époque où l'erreur atteint des proportions encore jamais atteintes et où le mal de vivre affecte la majorité des individus de notre société, le danger existe de se servir, en toute bonne foi d'ailleurs, des enseignements spirituels comme refuge à un malaise intérieur latent. L'homme « mal dans sa peau » compense alors ses manques en maniant des concepts métaphysiques. Le mérite de ces enseignements est d'éviter cet écueil au chercheur spirituel en l'obligeant à se mesurer sans cesse à la vie.

* *Vasana :* désir, tendance latente.

En ce sens, les expériences « mystiques » ne sont nullement encouragées en elles-mêmes car elles risquent de constituer la pire illusion. Le chercheur peut en effet atteindre occasionnellement un état exceptionnel lors de méditations, tout en étant incapable de le mettre à profit, c'est-à-dire en restant tout aussi désarmé et conflictuel dans sa vie quotidienne.

Chögyam Trungpa a particulièrement insisté sur le piège qui guette tout chercheur et lui a donné le nom de « matérialisme spirituel », dénonçant ainsi l'attitude erronée qui tend à récupérer un enseignement métaphysique dans une perspective égocentrique inavouée.

> Il se peut qu'en suivant un chemin spirituel, nous substituions une nouvelle idéologie religieuse à nos croyances antérieures, mais que nous continuions à nous en servir de la vieille façon névrotique. Quelque sublime que puissent être nos idées, nous les prenons trop au sérieux et nous en servons pour maintenir notre ego.
> Le problème est que l'ego peut tout convertir à son propre usage, même la spiritualité. L'ego tente constamment d'acquérir et d'appliquer les enseignements spirituels à son propre bénéfice.
> L'EGO EST CAPABLE DE TOUT ANNEXER À SES PROPRES FINS, Y COMPRIS LA SPIRITUALITÉ.
> Il en est de même avec tous les enseignements (...) Le problème est qu'on peut les interpréter soi-même. C'est toute la question : les Écritures sont toujours ouvertes à l'interprétation de l'ego.
> L'intelligence de l'ego est extrêmement douée. Elle arrive à tout distordre. Si l'on prend les notions de spiritualité, d'auto-analyse ou de transcendance de l'ego, immédiatement l'ego s'en empare et les transforme en auto-illusion.
> Tout le problème est que si l'on parle tout le temps de la sortie, alors on verse dans le fantasme, on rêve d'évasion, de salut, d'illumination. Il nous faut être concret. Examiner ce qui est ici, maintenant, notre esprit névrotique. Une fois que nous sommes complètement fami-

liers avec les éléments négatifs de notre façon d'être, nous connaissons automatiquement la sortie.

Soyez concret — comme chez le médecin si vous êtes malade. Si un médecin doit vous traiter, il faut d'abord qu'il sache ce qui ne va pas chez vous. Il ne s'agit pas de savoir ce qui va bien ; c'est hors du sujet. Dire au docteur ce qui ne va pas, c'est la seule façon de sortir de votre maladie. C'est bien pourquoi Bouddha enseigna les Quatre Nobles Vérités, son premier enseignement. On commence par réaliser la souffrance. Et puis (...) on va jusqu'à l'origine de la souffrance et l'on s'engage sur le sentier qui débouche hors de la souffrance, le sentier de la libération. Le Bouddha n'a pas commencé par enseigner la beauté de l'expérience de l'illumination.

DÈS QUE NOUS FORMONS UNE NOTION DUALISTE COMME : « JE FAIS ÇA POUR ATTEINDRE UN ÉTAT PARTICULIER DE CONSCIENCE, UN ÉTAT PARTICULIER D'ÊTRE », NOUS NOUS SÉPARONS AUTOMATIQUEMENT DE LA RÉALITÉ QUE NOUS SOMMES.

Si nous commençons notre pratique en rêvant d'extraordinaire, d' « illumination » et d'expériences dramatiques, nous édifierons tout un système d'attente et d'idées préconçues, de telle sorte que, plus tard, lorsque nous travaillerons véritablement sur le sentier nos esprits seront bien plus occupés par ce qui *sera* que par ce qui est.

Il est très important d'examiner le fondement du sentier — l'ego, notre confusion — avant de parler de libération et de liberté.

On a souvent tendance à regarder le côté positif, la beauté et la spiritualité et à ignorer ce que l'on est. (11)

Aussi longtemps qu'une approche de la spiritualité demeure fondée sur un enrichissement de l'*ego*, il s'agit de matérialisme spirituel, d'un processus suicidaire plutôt que créateur.

Toutes les promesses sont pure séduction. Nous attendons des enseignements qu'ils résolvent tous nos problèmes ; nous imaginons que nous allons disposer de moyens magiques pour nous occuper de nos dépressions, nos conduites agressives, nos blocages sexuels. Mais, à notre grande surprise, nous commençons à réaliser que rien de tel ne se prépare. Il est très décevant de réaliser que l'on doit travailler sur soi-même et sur sa propre souffrance, plutôt que de dépendre d'un sauveur ou du pouvoir magique de techniques yogiques. Il est décevant de réaliser qu'il vaut mieux abandonner ses espérances plutôt que de construire sur la base d'idées préconçues (10).

Chögyam Trungpa

TOUT EST ENSEIGNEMENT

La vie tout entière, chaque situation dans laquelle nous nous trouvons peut être considérée comme un enseignement ou comme notre maître. Dans cette optique, il n'est plus possible au disciple de se servir de l'enseignement et du gourou pour se sécuriser. L'existence entière devient l'expression du gourou, ce qui évite la dépendance vis-à-vis de la personne physique du maître. Le disciple est confronté à toutes les situations de l'existence qu'il doit assumer par lui-même, sans autre soutien que l'enseignement qui lui a été donné et qu'il a intériorisé. La tâche du gourou est de montrer au disciple comment sa vie entière peut devenir signifiante (et non pas seulement les instants qu'il passe auprès de son maître), pour qu'il cesse de séparer l'enseignement de sa vie. Chaque difficulté rencontrée devient ainsi une mise à l'épreuve de cet enseignement et lui permet de tester la compréhension qu'il en a, ainsi que sa capacité à le mettre concrètement en pratique.

Tout est la grâce du gourou

Q. — Avez-vous accepté quelque maître spirituel vivant comme guru ?

R. — Pas maintenant. J'ai laissé physiquement derrière moi, au Tibet, mes maîtres et mes professeurs, mais les enseignements restent avec moi et continuent de vivre.
Q. — Mais alors qui suivez-vous ?
R. — LES SITUATIONS SONT LA VOIX DE MON MAÎTRE, LA PRÉSENCE DE MON MAÎTRE.
Q. — Lorsque les situations de l'existence commencent à devenir notre maître, la forme que prend la situation importe-t-elle ? La situation dans laquelle on se trouve a-t-elle quelque importance ?
R. — Nous n'avons aucun choix. Tout ce qui arrive est une expression du maître. La situation peut être pénible ou inspirante, MAIS DOULEUR ET PLAISIR SONT UN DANS CETTE OUVERTURE CONSISTANT À VOIR LA SITUATION COMME NOTRE MAÎTRE. » (11)

CHÖGYAM TRUNGPA

L'enseignement de Bouddha est partout. Aujourd'hui, il pleut. C'est l'enseignement de Bouddha. Les gens pensent que leur propre voie ou leur propre conception religieuse est la voie de Bouddha, sans savoir ce qu'ils entendent, ce qu'ils font, ni où ils sont. La religion n'est aucun enseignement particulier. La religion est partout. Il faut que nous comprenions ainsi notre enseignement. Nous devrions oublier tout ce qui relève d'un enseignement particulier ; nous ne devrions pas demander lequel est bon ou mauvais. IL NE DEVRAIT Y AVOIR AUCUN ENSEIGNEMENT PARTICULIER. L'ENSEIGNEMENT EST EN CHAQUE MOMENT, EN CHAQUE EXISTENCE PHÉNOMÉNALE. Voilà le véritable enseignement. (13)

SHUNRYU SUZUKI

Gourou kripa kévala signifie « Seulement la Grâce du Gourou ». Cette parole peut être comprise à des niveaux différents. On peut comprendre : je ne demande que la grâce du gourou, seule la grâce du gourou me suffit, me comble. Mais le sens réel est beaucoup plus profond. *Gourou kripa kévala* peut se comprendre ainsi : Il y a seulement la grâce du gourou, et rien d'autre. De même qu'on peut dire : « En vérité, tout cet univers est Brahman », on peut dire aussi : « Tout cet univers n'est pas autre chose que la grâce du gourou. » Quoi qu'il arrive dans ce monde phénoménal où en effet il se passe bien des choses dans le temps, dans l'espace et la causalité, c'est la grâce du gourou à l'œuvre. Or, le gourou est celui qui nous conduit vers la Libération ou la non-dépendance absolue par rapport à ce monde relatif. Ce n'est pas celui qui nous comble dans ce monde. Encore que le gourou, si c'est nécessaire, puisse beaucoup contribuer à ce que ce monde commence par nous combler un peu, après nous avoir si longtemps frustrés. Le gourou est celui qui nous conduit au-delà de l'égo et du mental, non pas celui qui vient nourrir notre égo et notre mental. Tout cet univers n'est que la grâce du gourou à l'œuvre.

Vous vous souvenez d'avoir lu ou entendu dire que, dans les monastères, dans les petits ermitages, le gourou crée des conditions qui permettent au disciple de s'éveiller, de progresser, qui ramènent à la surface les possibilités de peur et de désirs qu'on essaie de cacher soigneusement. (...)

Si l'on se contente d'organiser une vie aussi facile que possible, on fuit en effet le monde, mais on fuit aussi l'Éveil et la Réalisation. On berce son sommeil d'un mental de moine ou d'un mental de yogi. (...) Si vous étiez engagés à 100 % dans un vrai monastère zen ou auprès d'un vrai gourou, (...) que se passerait-il ? Vous seriez mis à rude épreuve, et vous l'accepteriez avec joie en disant : « Je l'ai voulu, je l'ai cherché, c'est dur, mais je sais que c'est par là que je dois passer. C'est seulement comme cela que je pourrai dépasser le plan des dualités, de l'opposition de ce que j'aime et de ce que je n'aime pas, de ce qui m'attire et de ce qui me repousse, ce n'est que comme cela que je pourrai non pas tuer l'égo en le mutilant, mais le faire disparaître en le transformant. » (...)

Tous les vrais gourous ont imposé à leurs disciples des conditions, des circonstances qui leur permettaient de se voir, de s'éveiller momentanément et, disons le mot, de progresser. (...)

Le sens profond de la phrase *Gourou kripa kévala*, c'est que tout est la grâce du gourou, tout est le gourou à l'œuvre pour me faire progresser. Même si je suis loin de l'ashram, loin du gourou, je peux considérer — si je suis vraiment décidé à être à part entière sur le Chemin — chaque événement de l'existence comme s'il avait été consciemment préparé par mon gourou pour me faire progresser. Je veux dire que, si j'accepte qu'à trois heures du matin, dans l'ashram où je me trouve, mon gourou me réveille pour faire un certain travail, je peux considérer de même le coup de téléphone qui me réveillera à trois heures du matin : « Qui est-ce qui se permet de me téléphoner à cette heure-ci ? Ça y est, c'est mon cousin qui me dit qu'il est en panne. » Bien ! C'est mon gourou qui vient me réveiller à trois heures du matin. Si je me trouve confronté dans le travail avec mon collègue de bureau qui m'est à tous égards insupportable, c'est mon gourou qui a décidé de m'atteler à la même tâche que le moine pour qui je me sens le moins d'affinité. Cette technique est très employée dans tous les Enseignements, qui consiste à faire travailler ensemble des personnes dont les horoscopes sont incompatibles jusqu'à faire se dresser les cheveux d'un astrologue ! On se dit : « Ces deux-là n'ont aucune possibilité de s'entendre », et le gourou les attelle à la même tâche. C'est un grand facteur de progrès abondamment utilisé depuis toujours dans tous les Enseignements. Si l'existence me met en face d'un collègue de bureau qui m'est insupportable, je fais comme si c'était mon gourou qui, consciemment, pour mon bien, avait organisé ces conditions qui vont me permettre de m'éveiller. Si effectivement, réellement, ces conditions avaient été créées par le gourou en chair et en os, dans le cadre du monastère, je les aurais acceptées. Ce serait dur, mais je dirais : « Je suis là pour cela, je l'ai accepté à l'avance, c'est pour mon bien, comme le chirurgien m'opère pour mon bien », et j'y ferais face. Dans le véritable Enseignement qui ne demande pas le retrait hors du monde, c'est le monde entier qui devient monastère ou ashram, le monde entier, vingt-quatre heures sur vingt-quatre, qui est considéré comme la grâce du gourou à l'œuvre. Nous pouvons être certains que la volonté du gourou ne peut pas être autre que ces événements qui nous atteignent du matin au soir, qui nous correspondent, qui sont le fruit de notre karma, qui sont ceux que nous avons attirés, qui sont exactement ceux qui peuvent le mieux nous aider à progresser. Le gourou le plus habile, le plus efficace, le plus génial, ne pourrait pas créer pour moi, dans son ermitage ou dans son monastère, des conditions plus fructueuses, plus profitables, plus habilement difficiles que celles que la vie me donne.

Il est possible, avec une certaine compréhension métaphysique de la réalité relative de ce monde phénoménal, d'acquérir la conviction que tout cela est parfaitement vrai. (...) C'est une façon nouvelle de voir l'existence, et c'est la seule vraie. (...)

Ou bien je me retire complètement du monde, je deviens sannyasin, moine dans un monastère, et ce monastère m'assume complètement. Ou bien je me contente d'une sadhana d'amateur : petits efforts, petits résultats, petite sagesse. Ou bien, je considère *guru kripa kévala*, tout est la grâce du gourou et tout est le gourou à l'œuvre. Si j'attends l'autobus sous la pluie et que l'autobus passe complet sans s'arrêter, c'est sur les instructions de mon gourou que l'autobus est passé complet sans s'arrêter, pour m'aider à progresser. Toute mon expérience devient sadhana et je me trouve à part entière, du matin au soir, sur le Chemin. (...)

Du jour où cette vérité toute simple m'est apparue comme une vérité, où je l'ai comprise, c'est-à-dire où je n'ai plus pu ne pas la mettre en pratique, ce que je pressentais depuis si longtemps et qui m'échappait toujours est devenu vrai. C'est la possibilité de voir enfin survenir un changement réel, profond, et durable. C'est possible, mais cela n'est possible qu'à une seule et unique condition : c'est de considérer l'univers entier, seconde après seconde et sans jamais une défaillance, comme la grâce du gourou seulement. (...)

A partir de maintenant, je reconnais que tout ce que la vie me prend, me donne, m'apporte, me retire, c'est la grâce du gourou à l'œuvre. C'est lui qui me fait rencontrer telle personne à tel moment, parce que c'est l'émotion que cette rencontre soulève en moi qui va m'aider à progresser, *à condition que je sois intérieurement sur le Chemin*. C'est toute la différence. Si, du matin au soir, j'oublie que je suis sur le Chemin, bien sûr je suis défavorisé par rapport à celui qui se trouve inséré dans une règle monastique et qui, toutes les cinq minutes, s'entend dire, d'une façon ou d'une autre, par la règle elle-même : « N'oublie pas, n'oublie pas. » Mais si je n'oublie pas, rien ne me manque. (...)

Si, seconde après seconde, vous accueillez l'existence, telle qu'elle est, comme la grâce du gourou à l'œuvre, je vous promets que le Chemin sera parcouru très vite. (...)

Gourou kripa kévala, la grâce du gourou, et rien d'autre. Tout cet univers n'est que la grâce du gourou et rien d'autre. Seulement la grâce du gourou.

Cette fatigue va me permettre de progresser, ce malaise va me permettre de progresser, cette anxiété va me permettre de progresser, cette mauvaise nouvelle va me permettre de progresser. Ce contretemps, cette inquiétude, tout ce qui arrive, je l'accueille comme la grâce du gourou à l'œuvre.

Alors vraiment, oui, le visage du monde change. Il n'y a plus d'épreuves, il n'y a que des bénédictions. Il n'y a plus de difficultés, il n'y a que des bénédictions. « Tout concourt au bien de ceux qui aiment Dieu. » Tout concourt au bien de ceux qui aiment Dieu, tout concourt au bien de ceux qui sont engagés sur le Chemin de la Libération. Tout sans aucune exception. Et le jour où nous l'avons compris ou accepté (...) nous sommes disciples.

Celui que l'on a appelé Satan, l'Adversaire ou le Tentateur ou le Malin, ou tout simplement le Mental, a une ruse, une seule, mais qui marche toujours : elle consiste, instant après instant, à nous souffler que l'événement que nous sommes en train de vivre fait exception, que ce n'est pas la grâce du Gourou, que c'est une difficulté, un contretemps, une épreuve, et que nous n'avons pas à l'accepter. Et comme il n'a qu'une seule ruse, il n'y a qu'une seule réponse à lui donner, toujours la même. Donnez-la-lui en sanskrit, cela l'impressionnera encore plus ! A chaque fois, répondez : « *Guru kripa kévala*, tout est la grâce du gourou. »

Alors, un beau jour, le Malin se lasse, et voyant qu'il est toujours perdant, il abandonne la partie. (20)

Arnaud DESJARDINS

« Tout est Brahman »

Reprenant la phrase des védantistes : « Tout est Brahman » qui synthétise l'expérience du sage ne percevant plus que l'unique réalité, Arnaud Desjardins nous montre comment cette formule peut être vécue concrètement par le chercheur spirituel :

> Si, vraiment, il n'y a que le Brahman, que tout est Brahman et que je suis Brahman, comment pouvez-vous être en relation de peur, de désir, de conflit, d'attraction, de répulsion, avec quoi que ce soit d'autre ? Du matin au soir, l'existence vous rappelle que vous vivez encore dans la dualité ou au contraire ne vous rappelle plus que vous vivez encore dans la dualité. Et ce n'est pas en décidant que cette existence est « tout juste le monde phénoménal, purement évanescent, complètement irréel », que vous aurez résolu le problème. La preuve la plus flagrante que le problème n'a pas été résolu, qu'il existe encore un ego vivant dans la dualité, voyant en face de lui autre chose que le Brahman, autre chose que lui-même, et réagissant, ce sont les émotions. Brahman n'est jamais affecté.
>
> Il existe encore une autre dualité, qui est bien là comme un défi à mes adhésions métaphysiques, c'est la dualité entre moi et moi, chaque fois que je suis en con-

flit avec moi-même. S'il n'existe qu'Un-Seul-sans-un-second, et que tout est Brahman, mes souffrances sont Brahman, mes peurs sont Brahman, mes angoisses sont Brahman, mes douleurs physiques sont Brahman, tout, absolument tout, est manifestation ou expression de l'Unique Réalité. Sinon, je rétablis immédiatement un dualisme. Le chemin vers le non-dualisme, c'est l'effacement du dualisme, sa disparition.

(...) Voilà donc la première dualité qui peut être dépassée : entre moi et mes sensations, moi et mes émotions. (...) Cette dualité peut être dépassée par une réunification intérieure. Si tout est Brahman, comment pouvez-vous avoir des émotions douloureuses que vous refusez et que vous êtes obligés de refouler, de réprimer ? Si ce monde est irréel, pourquoi vous fait-il souffrir, pourquoi soulève-t-il en vous des émotions ? Là se trouve un point clé, un point fondamental, très simple, mais qui doit être bien difficile à comprendre puisque beaucoup de gens qui ont consacré leur vie au Védanta le laissent complètement échapper. (...) Si je suis Brahman, l'émotion aussi est Brahman — « *Sarvam kalvidam brahman* », « Tout cet Univers est Brahman » ; mon émotion l'est donc aussi, donc mon émotion et moi nous ne sommes qu'un. (...)

Que vous l'envisagiez en termes de métaphysique ou de psychologie, la vérité est la même : la vérité, toujours, est une-sans-un-second, à tous les niveaux, dans le relatif comme dans l'Absolu. (...)

Si je veux un jour pouvoir dire comme Shankara, « je ne suis pas les émotions, je ne suis pas les sensations », il faut d'abord que je sois pleinement l'émotion et la sensation, pour comprendre l'irréalité de cette émotion, de cette sensation, et à quel point j'en suis libre. Mais si je me débats contre l'émotion et la sensation, je l'affirme, je la fais être encore plus. Comment puis-je à la fois proclamer l'irréalité du monde phénoménal et m'opposer de toutes mes forces à certains aspects d'un monde phénoménal que je viens de déclarer irréel ? Pourquoi est-ce que je m'y oppose, si c'est irréel ? Pourquoi est-ce que je déclare qu'une sensation est douloureuse si elle est irréelle ? Pourquoi est-ce que je me débats contre une émotion douloureuse si elle est irréelle ? Il est possible — et la clé de la Libération est là — de rétablir d'abord la non-dualité en soi-même, de supprimer la distinction « moi et mon émotion ». (20)

Arnaud Desjardins

Pour le tantrisme, toute chose est sacrée. N'oubliez jamais cela : pour le tantrisme, TOUT est sacré. Pour les personnes religieuses, certaines choses sont sacrées, d'autres ne le sont pas. Mais pour le tantrisme, cette distinction n'existe pas : tout est sacré. (...)
Pour le tantrisme, Dieu et le Diable ne sont pas deux. En vérité, pour le tantrisme, ce qu'on a coutume d'appeler « mauvais » ou « le Mal » n'existe pas. Tout est Divin, tout est sacré. Et il semble que cela soit le point de vue le plus juste, le plus profond. Si quelque chose n'est pas sacré dans le monde, d'où vient-il et comment peut-il exister ?
Il ne peut y avoir qu'une seule alternative : adopter l'attitude de l'athée qui dit que rien n'est sacré. C'est une attitude également non dualiste. L'univers, pour lui, n'a pas un caractère sacré. Ou adopter l'attitude tantrique qui consiste à croire que tout est sacré. Ceux qui se disent religieux ne peuvent l'être, en réalité. Ils ne sont ni religieux ni irréligieux, parce qu'ils sont toujours en conflit. Et toute leur théologie ne sert qu'à essayer d'intégrer ce qu'il est impossible d'intégrer.
Si une seule cellule, un seul atome, dans ce monde, n'est pas sacré, alors, le monde entier ne peut être sacré. Comment cet unique atome pourrait-il exister dans un monde sacré ? Comment cela peut-il être possible ? Son existence dépend du reste de l'univers, et si cet élément non sacré dépend de tous les autres éléments sacrés, alors, quelle est la différence entre eux ? Ainsi, le monde est sacré, totalement et inconditionnellement, ou il n'est pas sacré. Il ne peut y avoir de solution intermédiaire.
C'est parce que le tantrisme dit que toute chose est sacrée que nous ne pouvons pas le comprendre. C'est un

point de vue profondément non dualiste, si on peut appeler cela un point de vue. Ce qu'il n'est pas, parce que toute opinion est forcément dualiste. Le tantrisme n'est opposé à rien; ce n'est donc pas une opinion. C'est l'unité ressentie, l'unité vécue. (21)

RAJNEESH

NOTICES BIOGRAPHIQUES

KRISHNAMURTI

Krishnamurti est né en Inde en 1896. On ne peut cependant pas inclure son enseignement, totalement indépendant et original, dans la tradition hindoue ; lui-même s'est d'ailleurs toujours défendu d'appartenir à une religion, un dogme ou une philosophie, quels qu'ils soient. Pourtant, le lecteur familiarisé avec les doctrines orientales reconnaît aisément dans l'œuvre de Krishnamurti l'exposé clair de la sagesse traditionnelle. Son mérite est d'avoir voulu en faire, pour ses lecteurs et auditeurs, une expérience vivante et non pas un but inaccessible.

Beaucoup de tenants des traditions ésotériques ont été déroutés par la pensée de Krishnamurti qui exhorte ceux qui l'approchent à penser par eux-mêmes, à ne se fier ni aux religions ni aux gourous ni à aucune idéologie.

Refusant toute aliénation, Krisnamurti dénonce également nos routines, nos préjugés, nos habitudes de pensée. Pour lui, la totale liberté intérieure ne peut s'abriter à l'ombre d'un système. A l'instar de Descartes, il fait table rase de tout l'acquis encombrant nos esprits mais pour reconstruire sur une certitude : le réel, qui n'est rien d'autre que la vie telle qu'elle est, jour après jour. Le réel étant l'expérience de la vie faite par chacun, Krishnamurti en vient à dire que : « Nul sauveur, nul maître ne peut vous conduire au réel. » (8)

Quand Krishnamurti dénigre les gourous, il s'en prend bien sûr à tous les faux maîtres et aux innombrables sectes qui fleurissent à notre époque. Plus encore, même à côté d'un authentique maître qui a fonction d'éveilleur il y a toujours, parmi ceux qui l'entourent, les éternels enfants qui, sous prétexte de spiritualité, cherchent en fait une sécurité psychologique pour ne pas avoir à affronter les difficultés de l'existence.

On peut émettre une réserve à l'enseignement de Krishnamurti : il est en effet trop pur, trop direct pour les complexités d'un esprit moderne. L'homme occidental déformé risque de ne pas voir le diamant de cet enseignement tant il est limpide.

Krishnamurti, tout jeune encore, faisait preuve d'une détermination intérieure et d'une liberté de pensée exceptionnelles : on sait qu'il refusa catégoriquement le rôle de nouveau Messie que voulaient lui faire jouer les dirigeants du mouvement théosophique. C'est dans le même esprit qu'il dissoudra plus tard l'Ordre de l'Étoile, organisation qui s'était créée autour de lui. Bien des êtres de bonne volonté mais qui n'ont ni la trempe ni l'envergure de Krishnamurti peuvent essayer de mettre en pratique ses conseils et aboutir à l'échec. Cet enseignement demeure impraticable pour ceux qui sont encore insuffisamment préparés.

RAJNEESH

Shri Rajneesh est né en Inde, en 1931. De nombreuses rumeurs contradictoires circulent sur son compte. La presse du monde entier a publié plusieurs articles à sensation relatant divers scandales qui se seraient produits dans son ashram à Poona.

N'étant jamais allée dans cet ashram et ne disposant donc d'aucune information personnelle, je m'abstiendrai de tout jugement en la matière. Il est cependant possible d'affirmer qu'un enseignement comme celui de Rajneesh, divulgué à des milliers de disciples à travers le monde, ne peut manquer de subir des altérations notables et qu'on ne peut juger un maître uniquement d'après les agissements de ceux qui se disent ses disciples. Rien ne prouve en effet qu'ils aient bien compris son enseignement. Il vaut toujours mieux en revenir aux sources qui sont, en l'occurrence, les livres écrits par Rajneesh lui-même.

La voie que propose Rajneesh n'est pas orthodoxe dans la forme. On ne peut cependant pas en déduire qu'elle n'aboutit nulle part. Rajneesh considère que les méthodes d'enseignement traditionnelles ne sont plus adaptées à la mentalité actuelle de l'homme. Si le comportement de Rajneesh est aussi peu conventionnel que l'est son enseignement, on comprend aisément qu'il ait pu déconcerter ceux qui l'approchaient. Son style résolument non conformiste a de quoi rebuter ceux qui s'attachent trop à la lettre. Le lecteur qui désire plus d'informations sur ce sujet peut lire les deux livres de Rajneesh actuellement traduits en français et notamment le dernier, *Je suis la porte*, dans lequel Rajneesh explique certains aspects surprenants de sa méthode.

Quoi qu'il en soit, les citations de Rajneesh insérées dans ce chapitre valent en tant que telles.

Il est difficile de trouver deux enseignements plus différents dans la forme que ceux de Krishnamurti et de Rajneesh. Le premier refuse, nous l'avons vu, tous les gourous, et toutes les écritures saintes. Le second s'y réfère constamment n'hésitant pas à utiliser toutes les méthodes connues d'approche spirituelle (y compris la psychothérapie occidentale) au point qu'on a pu taxer son enseignement de syncrétisme. On peut se sentir désorienté par le style aride de Krishnamurti comme on peut être troublé par la profusion exubérante de Rajneesh.

Derrière ces apparences contradictoires, c'est pourtant le même souci d'appréhension directe du réel qui domine chez tous deux.

SIMONE WEIL (1909-1943)

Simone Weil fait partie de ces êtres difficiles à définir parce qu'ils échappent à toute catégorie par leur singularité.

D'origine juive, elle fut très tôt attirée par le christianisme. Elle ne voulut cependant se rattacher à aucune religion, bien qu'elle connût plusieurs traditions de façon approfondie, notamment l'hindouisme, la philosophie grecque et bien sûr le judaïsme et le christianisme.

Sa recherche intérieure ne l'empêcha pas de se sentir profondément concernée par les problèmes sociaux de son temps, ce qui l'amena, entre autres, à partager le travail des ouvriers en usine.

La souffrance humaine demeura tout au long de sa vie une interrogation constante pour elle, aboutissant parfois à un véritable déchirement traversé d'intuitions métaphysiques fulgurantes. La pensée de Simone Weil est particulièrement riche et touffue : elle parle, selon l'intensité de sa réflexion, à différents niveaux ; elle est celle qui doute et questionne en profondeur. D'autres fois, un éclair lumineux l'habite : elle rejoint alors la mystique la plus haute. On la voit s'exprimer tantôt dans un langage religieux, tantôt dans un style totalement dépouillé. Son raisonnement est étayé d'exemples puisés au sein de toutes les traditions dont elle a su comprendre l'essence universelle.

Il était difficile, pour toutes ces raisons, de citer sa pensée d'un seul tenant ; nous avons préféré répartir les extraits de son œuvre sur plusieurs chapitres.

Références du chapitre
ENSEIGNEMENTS CONTEMPORAINS

1) Saint PAUL, *2ᵉ Épître aux Corinthiens*, 1, 19.
2) G. I. GURDJIEFF, *Gurdjieff parle à ses élèves*. Stock/Monde ouvert. Aphorismes, p. 353.
3) Sainte THÉRÈSE DE L'ENFANT-JÉSUS, *Derniers Entretiens*. Desclée de Brouwer et Cerf, p. 273-274.
4) RÛMÎ, *Le Livre du Dedans*. Sindbad/Islam, page 79. Traduction de Éva de Vitray-Meyerovitch.
5) K. G. DÜRCKHEIM, *La Percée de l'Être*. Le Courrier du Livre, pp. 42, 43, 33. Traduit de l'allemand par P. et H. de Roguin.
6) J. KRISHNAMURTI, *Face à la Vie*. Adyar, p. 148-149. Traduit de l'anglais par Carlo Suarès.
7) J. KRISHNAMURTI, *Se libérer du Connu*. Stock, p. 17, 86. Traduit par Carlo Suarès.
8) J. KRISHNAMURTI, *Commentaires sur la Vie*, tome I. Buchet/Chastel, p. 128, 47, 125, 54, 99.Traduit de l'anglais par Roger Giroux.
9) J. KRISHNAMURTI, *Le Vol de l'Aigle*. Delachaux et Niestlé (Suisse), p. 100. Traduction de Annette Duché.
10) CHÖGYAM TRUNGPA, *Le Mythe de la Liberté*. Seuil « Points sagesses », p. 82, 15, 16, 95, 103, 102, 73 à 82, 18, 19. Traduit de l'américain par Vincent Bardet.
11) CHÖGYAM TRUNGPA, *Pratique de la Voie tibétaine*. Seuil. « Points sagesses », pp. 130, 101, 69, 105, 16, 21, 15, 90, 133, 118, 23, 121, 27, 57. Traduit de l'américain par Vincent Bardet.
12) CHÖGYAM TRUNGPA, *Méditation et Action*. Fayard, pp. 133, 149, 148, 36 à 38. Causeries mises en français par Armel Guerne.
13) Shunryu SUZUKI, *Esprit zen, esprit neuf*. Seuil, « Points sagesses », pp. 153, 161, 45. Traduit de l'américain par Sylvie Carteron.
14) Philip KAPLEAU, *Les Trois Piliers du zen*. (Entretiens de Yasutani-roshi avec des Occidentaux), pp. 126, 127, 146, 89, 90. Traduit de l'américain par Claude Elsen.

15) Paul REPS, *Présence Zen (Zen Flesh, Zen Bones)*. Le Dernier Terrain vague, pp. 21-22. Traduit de l'anglais par Claude Mallerin et Pierre-André Dujat.
16) R. SRINIVASAN, *Talks with Swâmi Prajnanpad*. Bharatyia Vydia Bhavan, Bombay, pp. 96, 62, 82, 21, 26.
17) *Évangile selon Thomas*, Metanoia. Logion 110 et Commentaire page 313. Traduction et commentaire de Philippe de Suarez.
18) Marcelle AUCLAIR, *Bernadette*. Livre de Vie. Bloud & Gay, p. 171.
19) Arnaud DESJARDINS, *Au-delà du moi*. La Table Ronde, pp. 151-152, 140 à 151.
20) Arnaud DESJARDINS, *A la Recherche du Soi*. La Table Ronde, pp. 172, 197, 40 à 51, 98-99, 105-106.
21) Bhagwan Shree RAJNEESH, *Le Livre des Secrets*. Éditions ATP. Tome I, pp. 49, 211 à 218, 51-52, 50, 46, 47, 48, 213, 52-53, 44-45. Traduit de l'anglais par Martine Witnizer.
22) Bhagwan Shree RAJNEESH, *Je suis la Porte*. Épi, pp. 154, 155, 71, 74. Traduit de l'anglais par Ma Anand Gandha.
23) K. G. DÜRCKHEIM, *L'Homme et sa double origine*. Éditions du Cerf, pp. 56-57. Traduit de l'allemand par Catherine de Bose.
24) Grégoire de NYSSE (IVe siècle après J.-C.), *Vie de Moïse*. Éditions du Cerf. Traduction de Jean Daniélou, p. 38.
25) Simone WEIL, *L'Enracinement*. Idées/Gallimard, pp. 318-319.
26) René DAUMAL, *Les Pouvoirs de la Parole*, Gallimard, p. 14.
27) Jacques AUDIBERTI, *Cœur à Cuire* (théâtre), tome IV, Gallimard.

Voies religieuses

Le 25 mars 1975, le roi Fayçal d'Arabie Saoudite est abattu à bout portant par son neveu, le prince Moussed. Mourant, Fayçal dit : « Amrak » (A vos ordres Seigneur). (1)

Le parallèle qui peut être fait entre les voies non dualistes et les voies religieuses est double. D'une part, nous avons vu que la distinction entre Dieu et l'homme s'annihile au stade ultime de l'expérience mystique, d'autre part la méthode propre aux voies religieuses pour mener l'être à la sainteté relève directement de ce que nous appelons la non-dualité dans la vie quotidienne. Cette méthode est connue dans les milieux religieux sous l'expression de soumission à la volonté divine.

Quand on aborde l'étude des voies religieuses, on peut se heurter à l'obstacle de leur langage : à notre époque pétrie d'idées modernes, certaines conceptions peuvent paraître dépassées, voire négatives. Si le chercheur de vérité se tourne plus volontiers de nos jours vers les voies de la connaissance mieux adaptées à sa mentalité rationnelle, il ne faut pas oublier que les traditions religieuses ont inspiré, pendant des millénaires, des générations de fidèles et qu'elles ont permis l'éclosion des grands mystiques parvenus aux plus hauts sommets de la spiritualité. Les hommes nés au sein de ces traditions baignaient dès l'enfance dans le sacré ; ce que nous qualifions de conceptions surannées étaient pour eux autant d'évidences qui imprégnaient leur vie ; notamment l'obéissance, la soumission à la volonté divine, l'acceptation, loin d'être ressenties comme une mutilation constituaient au contraire la marque d'une force et d'une liberté intérieures.

LA VOLONTÉ DIVINE

On définit généralement la volonté divine comme une série de règles ou de commandements auxquels l'homme doit se plier pour faire son salut. Dans cette optique, il est suggéré que Dieu attend de nous un certain comportement : ceux qui se conforment à sa volonté seront sauvés, ceux qui l'enfreignent n'obtiendront pas le salut. Il s'agit là de l'acception la plus grossière de la volonté divine. Faire le bien, éviter le mal est une éthique que l'on retrouve dans toutes les religions au niveau exotérique : les œuvres seront rétribuées après la mort selon le mérite de chacun. Cette façon de voir, si elle n'est pas inexacte, demeure cependant très limitée par rapport à la vision ésotérique dont le but est la transformation radicale de l'être. Dans cette perspective, les œuvres revêtent un aspect secondaire ; *on considère qu'elles ne sont que l'expression du niveau intérieur de celui qui les accomplit et qu'il faut avant tout transformer l'être.* Ses actions seront alors en conformité avec son évolution.

> Les gens ne devraient pas tant penser à ce qu'ils font, ils devraient penser à ce qu'ils sont. Si les gens étaient bons ainsi que leur manière d'être, leurs œuvres pourraient vivement rayonner. Si tu es juste, tes œuvres aussi sont justes. Ne pense pas que la sainteté se fonde sur les actes, on doit fonder la sainteté sur l'être, car ce ne sont pas les œuvres qui sanctifient, c'est nous qui devons sanctifier les œuvres. Si saintes que soient les œuvres, elles ne nous sanctifient absolument pas en tant qu'œuvres, mais dans la mesure où sont saints notre être et notre nature, dans cette mesure, nous sanctifions toutes nos œuvres, que ce soit manger, dormir, veiller ou autre chose. Ceux qui ne sont pas d'une nature élevée, quelles que soient les œuvres qu'ils accomplissent, elles ne valent rien. (2)
>
> Maître Eckhart

Dans un hadîth (soufisme), Dieu parle ainsi :

> O Mes serviteurs, si du premier au dernier, homme ou génie, vous étiez aussi pieux que l'est celui au cœur le plus pur d'entre vous, cela n'ajouterait rien à Mon royaume.
> O Mes serviteurs, si du premier au dernier, homme ou génie, vous étiez aussi pervers que l'est celui d'entre vous au cœur le plus pervers, cela ne diminuerait en rien Mon royaume.
> Tout acte qui rapproche Mon adorateur de Moi me sera plus agréable que l'accomplissement des devoirs que Je lui ai prescrits. (3)

Les œuvres, à elles seules, sont donc impropres à l'obtention du salut. On se souvient du cas du jeune homme riche de l'Évangile qui suivait scrupuleusement les commandements de Dieu et dont la conduite était irréprochable : le Christ lui révèle brutalement que l'observance des commandements est insuffisante et qu'il doit se détacher de tout s'il veut être parfait. On connaît la suite : le jeune homme s'en va, l'exigence du Christ a été trop forte pour lui. La volonté divine ne consiste pas uniquement dans l'observance des commandements de Dieu de la part de l'homme. Cette conformité de vie à une loi peut d'ailleurs conduire à une confortable bonne conscience qui ne change pas l'être d'un homme. Beaucoup plus subtile mais en même temps beaucoup plus efficace pour notre évolution est notre attitude intérieure face à l'existence. A la question de la volonté divine, on peut donner une réponse qui nous remette vraiment en cause. Cette réponse consiste à dire que la volonté divine se manifeste dans les choses telles qu'elles se déroulent dans le monde et dans nos vies.

> La volonté divine ne peut être pour nous un objet d'hypothèse. Pour la connaître, nous n'avons qu'à constater ce qui se passe : ce qui se passe est sa volonté.

Chaque événement quel qu'il soit est comme un attouchement de Dieu. Chaque fait, chaque chose qui se produit, qu'elle soit heureuse, malheureuse ou indifférente de notre point de vue particulier, est une caresse de Dieu. (4)

Simone Weil

Tu pourrais peut-être dire : Comment puis-je savoir si c'est la volonté de Dieu ou non ? Sachez-le : si ce n'était pas la volonté de Dieu, cela ne serait pas. (7)

Maître Eckhart

Vous parlez, Seigneur, à tous les hommes en général, par les événements généraux. (...) Vous parlez en particulier à tous les hommes par ce qui leur arrive de moment en moment, mais au lieu d'entendre en tout cela la voix de Dieu (...) on n'y regarde que la matière, le hasard, l'humeur des hommes ; on trouve à redire à tout, on veut ajouter, réformer, diminuer.

La volonté de Dieu se présente à chaque instant comme une mer immense que votre cœur ne peut épuiser. (5)

J.-P. de Caussade

La révolte que nous ressentons à l'égard de certains événements n'est pas la preuve qu'ils n'émanent pas de la volonté divine mais témoigne bien plutôt de notre conception anthropomorphique du bien et du mal. En ce domaine, la loi de la relativité s'applique, comme en tous les autres domaines. Ce qui nous paraît monstrueux ne paraît tel qu'à nos propres yeux, en raison de notre sensibilité. A une autre échelle, d'autres choses tout aussi « monstrueuses » se passent dont nous ne songeons pas à nous préoccuper. Maeterlinck, dans ses ouvrages sur les insectes, a très bien dépeint les drames qui peuplent, à leur échelon, la vie des fourmis, des abeilles et des termites. Pour nous, leurs souffrances sont inexistantes, pour elles, elles sont bien réelles. De même, le monde de chacun d'entre nous, avec sa trame de joies et de peines est, au regard du reste de l'univers, éminemment relatif. Il existe un ordre qui régit les mondes, depuis les étoiles jusqu'aux microbes, en passant par les hommes et cet ordre ne concorde pas forcément avec les intérêts personnels de chacun. Il est nécessaire d'accéder à une vision globale qui nous permettrait de resituer chaque chose à sa place dans le vaste ensemble que constitue l'univers et de ne pas rester cramponnés à notre vision égocentrique limitée. Il serait alors possible de ne plus juger certains événements que nous défigurons en les soustrayant de leur contexte : « Liaison entre l'absolu hors de sa place et la contradiction. En posant comme absolu ce qui est relatif on tombe dans la contradiction. Réciproquement, si on part d'une contradiction acceptée (...), on rencontre un absolu. » (Simone Weil).

Mais avant de parvenir à cette vaste perception, il nous faut réviser notre regard à l'échelon de nos vies individuelles. Le croyant persuadé que la volonté divine s'exprime à chaque instant dans le déroulement du monde tel qu'il est se doit d'être conséquent avec lui-même et d'accepter l'impact de cette volonté dans sa vie de tous les jours. Pour lui, tout événement se révèle comme l'expression du divin. Le fait le plus insignifiant devient ainsi la marche qui le conduit vers la perfection.

Dieu fait tout pour notre bien

La soumission à la volonté divine repose sur l'idée que Dieu agit dans nos vies en vue de notre évolution spirituelle alors que nous recherchons uniquement notre bien-être temporel. Quelle preuve avons-nous que la volonté divine œuvre pour notre bien ? En dehors de la réponse classique : Dieu ne peut vouloir que le bien, on peut considérer la question sous un autre angle ; notre but, c'est d'embrasser la totalité de la vie dans toutes ses manifestations et de ne pas rester cantonnés à notre petit monde fait de nos préférences et de nos refus. Notre but, c'est une adaptation parfaite à la vie telle qu'elle est, sans aucune restriction, c'est de dépasser la polarité de nos conceptions dualistes. Or chaque fois que la réalité nous perturbe, chaque fois qu'elle suscite en nous une émotion, de quelque nature que ce soit (heureuse ou malheureuse), nous avons la preuve de notre inadéquation à cette réalité. Ce qui nous perturbe est donc le bienvenu parce qu'il est l'occasion d'un travail intérieur pour faire face à la réalité, l'intégrer et assouplir ainsi notre réceptivité. En ce sens, tout événement nous aide à progresser, tout événement concourt à notre bien, même s'il s'agit d'un bien qui n'est pas un confort immédiat mais plutôt une dilatation de notre individualité restreinte, une croissance intérieure. Il est donc légitime, dans un langage religieux, de dire que Dieu cherche notre bien spirituel à travers les événements qui constituent la trame de nos vies.

Un arbitraire absurde semble parfois régner, un hasard destructeur. Et quelquefois on dirait qu'une force perfide est en œuvre qui anéantit tout, précisément, quand de la beauté pourrait s'épanouir, ou quelque réalisation extraordinaire parvenir à maturité.

Et voici que quelqu'un vient nous parler de Providence !

Que serait-elle donc, cette Providence ?

Ce serait la certitude où je pourrais être que moi, personne vivante, je me situe dans un ordre qui ne me contraint pas comme une loi naturelle contraint l'atome, ou qui m'utilise comme la fabrique emploie ses ouvriers, mais qui est là par rapport à moi. Cela voudrait dire que les choses tendent vers moi, que ce qui se passe est à mon intention, que le monde suit son cours en accord avec l'exigence la plus intime de mon être. Lorsque, à partir de notre expérience, nous considérons le monde avec notre intelligence, nous aboutissons à un ordre aveugle et froid. Mais parler de « Providence », c'est parler d'une « vue » dans le cours des événements, et c'est moi-même qui suis en vue. C'est dire que tout est « prévu » pour mon bien, qu'il existe dans le monde des yeux qui font attention à tout, auxquels rien n'échappe de ce qui m'est nuisible ou utile, qu' aucun cheveu ne tombe de ma tête » sans avoir été remarqué et considéré par rapport à mon salut, que tous les événements du monde incluent une intention, un cœur, une vigilance et une puissance plus forte que toute la puissance du monde, qui peut réaliser ce que désire ce cœur et ce que veut cette vigilance.

... Cet amour de Dieu pour la créature dont il a fait son enfant est vivant comme celui d'un être humain qui aime à l'égard de qui lui est cher. Il le suit dans son évolution, dans les phases de son destin, dans ses réalisations et ses décisions personnelles qui se renouvellent sans cesse... Ce qui arrive vient de Dieu, de son amour, à mon intention. Je suis appelé, je suis invité. C'est en ce qui arrive que je dois vivre, et agir, et grandir, et devenir celui que je dois être selon la volonté de Dieu. (6)

Romano Guardini

Ceux qui s'abandonnent à Dieu et cherchent seulement sa volonté avec tout leur zèle, quoi que Dieu donne à un tel homme, c'est le meilleur : sois-en aussi certain que tu l'es que Dieu vit : c'est là nécessairement le meilleur et aucun autre mode ne pourrait être meilleur. S'il arrive que quelque autre chose te semble meilleure, ce ne serait cependant pas aussi bon pour toi, car Dieu veut ce mode et non un autre mode, et il faut nécessairement que ce mode soit pour toi le meilleur mode. Que ce soit maladie ou pauvreté ou faim ou soif, ou quoi que ce soit que Dieu t'impose ou ne t'impose pas, te donne ou ne te donne pas, tout cela est le meilleur pour toi ; que ce soit piété ou intériorité, que tu n'aies ni l'une, ni l'autre, et quoi que tu aies ou que tu n'aies pas : établis-toi bien seulement dans cette disposition de considérer en toutes choses l'honneur de Dieu et ce qu'il te réserve alors, c'est le meilleur. (7)

Maître Eckhart

Ce qui nous arrive à chaque moment par l'ordre de Dieu est ce qu'il y a de plus saint, de meilleur et de plus divin pour nous.

Que tels et tels objets soient offerts, ce n'est point l'affaire de l'âme, mais de Dieu, et ce qu'il donne est le meilleur à l'âme.

Ce qui se passe intérieurement est le meilleur ainsi qu'extérieurement. (5)

J.-P. de Caussade

Ne prie pas pour que tes volontés s'accomplissent : elles ne concordent pas nécessairement avec la volonté de Dieu. Prie plutôt, suivant l'enseignement reçu, en disant : « que votre volonté s'accomplisse en moi » ; en toute chose, demande-lui que sa volonté se fasse ; car Lui, Il veut le bien et l'avantage de ton âme, alors que toi, tu ne cherches pas nécessairement cela. (8)

Philocalie

J'admire tous ces ex-voto de la foi récompensée : « Ce qui était impossible, je l'ai obtenu. » Mais que j'aimerais, que j'admirerais davantage l'ex-voto de l'épreuve comprise, du refus héroïquement accepté : « Mon Dieu, ce que je vous ai demandé, vous me l'avez refusé ; mon Dieu, soyez remercié. » La véritable foi, c'est celle qui en tout événement sait voir et louer et bénir la toute bonne Providence, non celle qui au service des désirs humains sollicite Dieu à lui obéir. Que de grâces ainsi méconnues ! Les meilleurs ex-voto ne figurent pas sur les murs des sanctuaires, ils devraient au moins être inscrits au fond des cœurs. (6)

Maurice Blondel

La soumission à la volonté divine doit être inconditionnelle. Elle peut impliquer, si les circonstances l'exigent, de renoncer à ce que nous croyons indispensable pour notre évolution spirituelle. On réalise à ce moment-là que l'acceptation totale des faits est la chose la plus essentielle à notre transformation car c'est la seule qui dépende de nous. Ce qui fait dire à sainte Thérèse de l'Enfant Jésus, alors qu'elle est malade au point de rejeter toute nourriture et qu'elle ne peut donc recevoir l'Eucharistie :

> Sans doute c'est une grande grâce de recevoir les sacrements, mais quand le bon Dieu ne le permet pas, c'est bien quand même. Tout est grâce. (9)

Emmanuel Renault, dans sa biographie de Thérèse d'Avila, relate l'expérience de la Sainte, malade, elle aussi, pendant près de trois ans dans son couvent et de ce fait incapable d'assumer l'activité normale d'une religieuse.

> En vérité, à la faveur de sa maladie, de sa prière, de sa réflexion, une mutation s'était opérée en elle. Elle ne subissait plus la maladie comme un empêchement à être elle-même, à vivre pour Dieu et à le servir. Elle commençait à comprendre ce qu'elle saisira plus pleinement par la suite, à savoir qu'aucune situation humaine ne peut être un véritable obstacle à la recherche du Seigneur ; que l'essentiel est d'accomplir sa volonté telle qu'elle se manifeste à travers les événements heureux ou malheureux de la vie. *Car la vie, c'est vivre de telle sorte qu'on ne craigne ni la mort, ni tous les événements de la vie.* * (10)
>
> THÉRÈSE D'AVILA

> Les hommes disent : Ah ! Seigneur, je voudrais bien être en aussi bons rapports avec Dieu et avoir autant de piété et être en paix avec Dieu comme d'autres gens le sont, et je voudrais qu'il en soit ainsi de moi, ou que je sois aussi pauvre. Ou bien : Je ne serai pas satisfait à moins d'être là ou là et de faire ceci ou cela, il me faut vivre à l'étranger, ou dans un ermitage, ou dans un cloître.
> En vérité, tout cela est toi-même et absolument rien d'autre. C'est ta volonté propre, même si tu ne le sais pas ou ne le crois pas. (...) Quand nous pensons que l'homme doit fuir ces choses-ci et chercher celles-là, ces biens et ces gens et ces manières d'être, cette foule ou ces œuvres, ce n'est pas pour cela que ce mode d'être ou

---

* En italiques : parole de Thérèse d'Avila.

ces choses t'entravent : c'est toi-même qui t'entraves dans les choses, car tu ne te comportes pas en ces choses comme il convient.

C'est pourquoi commence par toi-même et abandonne-toi. En vérité, à moins que tu ne te fuies d'abord toi-même, partout où tu fuiras, tu trouveras des entraves et de l'inquiétude, où que ce soit. Les gens qui cherchent la paix dans les choses extérieures, lieux ou modes, ou gens ou œuvres, ou les pays lointains, ou la pauvreté, ou l'abaissement, si grand que ce soit ou quoi que ce soit, tout cela n'est pourtant rien et ne leur donne pas la paix. Ils cherchent tout à fait mal, ceux qui cherchent ainsi : plus ils s'éloignent, moins ils trouvent ce qu'ils cherchent. Ils vont comme celui qui a perdu sa route : plus il s'éloigne, plus il s'égare. Alors que doit-il faire ? Il doit d'abord s'abandonner lui-même, ainsi il aura abandonné toutes choses. En vérité, si un homme abandonnait un royaume et le monde entier et qu'il se garde lui-même, il n'aurait rien abandonné. Oui, et si un homme s'abandonnait lui-même, quoi qu'il garde, richesse, ou honneur, ou quoi que ce soit, il aurait abandonné toutes choses. (2)

MAÎTRE ECKHART

Soumission à la volonté divine et résignation

La soumission à la volonté divine n'est pas l'attitude passive de celui qui, accablé par le sort, se résigne parce qu'il n'a plus la force de lutter. L'acceptation est au contraire une attitude profondément active puisqu'elle va à l'encontre de notre réflexe habituel consistant à refuser ce qui nous dérange. Il s'agit d'une entreprise de déconditionnement qui exige la mobilisation de notre énergie pour nous tourner de tout notre être vers ce que nous refusions dans un premier mouvement. Elle suppose donc un renversement de situation, une conversion de chaque instant, un effort constant pour revenir à la réalité et cesser de projeter sur elle. On est loin d'une attitude passive. C'est plutôt notre refus du monde qui constitue une passivité puisqu'il nous est habituel. Il faut se comporter, face à la réalité, non pas en l'acceptant parce que nous ne pouvons pas faire autrement mais comme si nous avions nous-mêmes choisi que les choses se passent ainsi. Il est alors possible de découvrir la joie intérieure, quelles que soient les circonstances. Un auteur protestant du XXᵉ siècle, le pasteur Marc Bœgner, a su montrer la liberté intérieure qui découle de l'acceptation :

> *Accepter n'est pas se résigner.* Se résigner, c'est se courber devant une fatalité, un coup du sort, des circonstances adverses. Accepter, c'est accomplir un acte de liberté, par lequel nous assumons notre souffrance et l'utilisons au profit de notre croissance dans la foi, l'amour et l'obéissance. Accepter, c'est donc remporter une victoire.
>
> Nous ne dirons plus jamais, n'est-ce pas ? que nous *subissons* nos épreuves, « Notre seul acte efficace, écrivait Adèle Kamm (...), est celui de souffrir volontairement et non de subir ». Je ne reviens pas sur ce que je vous ai dit de la résignation qualifiée bien à tort de vertu chrétienne. Le Christ, sur le chemin du Calvaire ne se « résignait » pas à mourir. « Personne ne m'ôte la vie, disait-il, je la donne. » ; Et lorsque nous l'entendons, en Gethsémané prier que s'il est possible, s'éloignât de lui la coupe dont il découvrait l'inexprimable horreur, sa dernière parole : « que ta volonté soit faite », marque non pas une résignation à une volonté implacable mais un libre acquiescement qui est une victoire, la dernière victoire avant Golgotha.
>
> Ainsi, nous accepterons nos souffrances, celles d'hier et celles de demain, et nous renouvellerons chaque jour notre acceptation par un acte de liberté (...). Refusez d'être les esclaves de vos épreuves : affirmez votre liberté en les acceptant, en leur faisant place dans votre existence, mais en gardant toujours pour Dieu la place qu'Il réclame, précisément pour vous rendre capable de vous donner librement à la souffrance en faisant de ce don une libre obéissance à Celui à qui nous disons, nous aussi, dans la douleur comme dans la joie : « Notre Père... que ta volonté soit faite. » (11)

Pasteur Marc Bœgner

La différence entre acceptation et résignation ou passivité devient plus perceptible quand on fait intervenir le problème de l'action. L'acceptation est la simple vision de ce qui se passe en nous et hors de nous, elle ne prend pas partie face aux événements. Simone Weil la définit ainsi : « Accepter n'est pas autre chose que reconnaître que quelque chose est. » (4) C'est une attitude intérieure de non-conflit qui tend vers la suppression des émotions mais n'entrave pas l'action : on peut être dans une ouverture totale devant les faits et en même temps intensément actif, mais il s'agit d'une action lucide qui n'est pas viciée par une revolte, un refus.

La résignation, par contre, est un refus subtil de la réalité ; celui qui se résigne aurait bien aimé que les choses se passent différemment mais, se sentant impuissant, il laisse tomber les bras, il abandonne. *La résignation contient donc deux refus : celui de la réalité et celui de l'action.*

Le refus de la volonté divine

Chaque fois que nous trouvons quelque chose à redire au déroulement des événements, nous refusons la volonté de Dieu. La refuser sur un point équivaut à la refuser dans son ensemble car tous les événements sont interdépendants de par la loi de causalité. C'est ainsi que Simone Weil peut aller jusqu'à dire : « Ne pas accepter un événement du monde, c'est désirer que le monde ne soit pas. » (4)

Ce refus de l'action de Dieu devient le crime par excellence :

> Celui sur qui tombe un arrêt du destin doit montrer de la résignation*. Quiconque, dans les épreuves se désespère et pleure fait comme s'il se saisissait d'une javeline pour combattre contre le Seigneur très haut. (12)
>
> CHAQIQ *(Mémorial des Saints)*

---

* Le terme employé ici est celui de « résignation » que nous avions soigneusement distingué de l'acceptation. Le sens de la citation est cependant suffisamment clair pour qu'il soit inutile d'insister.

Reprenant à son compte la formulation hindoue de l'*ātman*, Simone Weil dira dans le même sens, avec le style concis qui la caractérise :

> Ceux qui assassinent l'*ātman* : quiconque souhaite que ce qui est ne soit pas. (4 bis)

Certains auteurs ont souligné la contradiction du chrétien qui croit en Dieu mais refuse, à son insu, la volonté de Dieu sur lui et sur le monde quand celle-ci lui déplaît ou ne correspond pas à sa conception du bien et du mal.

> Nous assourdissons Dieu nuit et jour en disant : « Seigneur, que ta volonté soit faite ! » Et quand la volonté de Dieu s'accomplit, nous sommes irrités, et c'est tout à fait injuste. (7)
>
> Maître Eckhart

> Puisqu'il ordonne que ce soit ainsi, comment pourriez-vous désirer que ce ne fût pas ? Sa sagesse et sa bonté peuvent-elles se tromper ?
> Qu'il se trouve d'infidélité au monde ! que l'on pense indignement de Dieu, puisque sans arrêt l'on trouve à redire à l'action divine.
> TOUT CE QUE VOUS APPELEZ REVERS, CONTRETEMPS, MAL-À-PROPOS ET SANS RAISON, CONTRARIÉTÉS, SI VOUS SAVIEZ CE QUE C'EST, VOUS SERIEZ DANS UNE EXTRÊME CONFUSION (...). TOUT CELA N'EST AUTRE CHOSE QUE LA VOLONTÉ DE DIEU. ELLE EST BLASPHÉMÉE PAR SES CHERS ENFANTS QUI LA MÉCONNAISSENT. (5)
>
> J.-P. de Caussade

Le renoncement à la volonté propre

Le refus permanent et la plupart du temps inconscient que nous opposons aux choses, c'est précisément ce que les voies religieuses nomment la volonté propre. A notre insu, nous aimerions sans arrêt refaire le monde pour qu'il corresponde à nos désirs, à nos aspirations. Ce refus est tellement constant qu'il aurait fait dire à Maître Eckhart, alors qu'on lui demandait ce qui brûle en enfer : « C'EST LE NON QUI BRÛLE EN ENFER ! » (13) C'est pourquoi celui qui veut se soumettre à la volonté divine doit éroder sa volonté propre jusqu'à être en contact permanent avec la réalité telle qu'elle est.

Un texte soufi donne une définition de la volonté humaine réutilisée dans sa véritable finalité sur le chemin spirituel :

> La volonté (...) consiste à répondre de bon gré aux appels de la réalité. (3)
>
> ABDALLAH AL-ANSÂRÎ AL HARAWÎ

Maître Eckhart a souligné le refus intérieur que suppose la volonté propre :

> JAMAIS UN MÉCONTENTEMENT NE S'ÉLÈVE EN TOI QUI NE VIENNE DE TA VOLONTÉ PROPRE, QU'ON LE REMARQUE OU NON. (2)

On peut mettre en parallèle des expressions telles que « se renoncer », « mourir à soi-même », « renoncer à sa volonté propre », « se détacher ». Tous ces termes indiquent la prééminence de la réalité telle qu'elle est et le renoncement à nos goûts, opinions, préjugés, en bref à tout ce qui constitue en nous le refus subtil ou patent de cette réalité.

> Si quelqu'un veut venir à ma suite, qu'il renonce à lui-même et prenne sa croix chaque jour et qu'il me suive.
>
> Luc, 9, 23.

Si quelqu'un veut venir à ma suite, qu'il se renie lui-même.

MATHIEU, 8, 34.

Bienheureux celui qui a fait mourir entièrement sa volonté. (14)

SAINT JEAN CLIMAQUE

Dépouillez-vous de toute attache aux choses extérieures et renoncez-vous à vous-même.

Celui qui a quelque estime de lui-même ne se renonce pas et ne suit pas Jésus-Christ.

Apprenez donc à aimer Dieu, comme il veut l'être et à vous détacher de vous-même.

L'âme qui veut que Dieu se donne à lui tout entier, doit se donner à lui tout entière, sans se rien réserver.

Celui qui aime vraiment Dieu regarde comme un gain et une récompense la perte de toutes les choses créées, et la perte de lui-même par amour pour Dieu. (15)

SAINT JEAN DE LA CROIX

Celui qui doit l'accueillir (Dieu) totalement doit s'être abandonné totalement lui-même et être sorti de lui-même.

L'homme doit s'être renoncé lui-même et avoir renoncé à tout ce monde.

A qui renoncerait absolument rien qu'un instant, tout serait donné.

Plus tu te désappropries de toi-même, plus grande est ton éternelle béatitude.

L'homme doit être détruit et totalement mort, n'être rien en lui-même.

Personne ne peut beaucoup posséder de Dieu s'il n'est foncièrement mort à ce monde.

Dieu est mort pour que je meure au monde entier et à toutes choses créées. (7)

Maître Eckhart

Quand l'âme n'a plus rien que Dieu, quand elle n'a plus de vouloir que Sa volonté simple, qu'elle est anéantie et veut tout ce que Dieu veut avec Sa volonté, quand elle est engloutie et réduite à rien (...) l'âme devient avec lui totalement cela même qu'Il est.

Qu'il se perde donc, celui qui veut trouver Dieu et connaître ce qu'Il est en soi. (16)

Hadewijch

Le détachement s'opère dans un double mouvement : renoncement à soi-même et renoncement au monde. Le renoncement au monde signifie que le monde n'a plus d'impact émotionnel sur nous, qu'il ne peut plus provoquer joies ou peines en nous, qu'il est incapable de ravir notre sérénité ; le renoncement à soi-même implique la mort des désirs, des aspirations, des refus envers le monde. Il s'agit, en définitive, du même processus vu sous un angle différent. De toute façon, pour l'homme parvenu au terme de son ascèse, extérieur et intérieur ne font qu'un.

LES ORDRES MONASTIQUES ET L'OBÉISSANCE

Dans les ordres monastiques, la soumission à la volonté divine peut se trouver renforcée par l'idée d'obéissance.
L'obéissance à qui, à quoi ?
D'une part l'obéissance au Supérieur du monastère, d'autre part l'obéissance à la Règle, quand il en existe une.
Quel rapport ce type particulier d'obéissance entretient-il avec la soumission à la volonté divine ? Tout être n'est pas prêt, d'emblée, à reconnaître dans chaque événement qui lui arrive la

volonté de Dieu et à l'accepter comme telle. Si le moine savait reconnaître dans le moindre fait un dessein de Dieu, il n'aurait nul besoin de Supérieur ni de Règle. La vie telle qu'elle se présente à chaque instant lui suffirait pour progresser. Le Supérieur ou la Règle apparaissent comme les intermédiaires ou plutôt les représentants visibles de la volonté de Dieu. Ils sont un support pour le moine. En se pliant à la Règle ou aux ordres du Supérieur, le moine obéit ainsi à Dieu.

L'obéissance est un mot qui nous met mal à l'aise : nous y voyons aussitôt la perte de notre liberté. Quelques précisions s'imposent. Il faut rappeler tout d'abord que l'obéissance dont il s'agit ici a pour fin l'Absolu et qu'elle est, dans les monastères, une des voies vers cet Absolu. En s'inclinant, en se pliant à une Règle, toujours la même, le moine en vient peu à peu à éroder les désirs, les opinions fausses, les peurs qui l'habitent pour accéder au réel ou, dans un langage religieux, à Dieu. L'individualité s'assouplit jusqu'à disparaître un jour.

> De quelles inquiétudes on se délivre en faisant vœu d'obéissance! Que les simples religieuses sont heureuses! Leur unique boussole étant la volonté des supérieurs, elles sont toujours assurées d'être dans le droit chemin, elles n'ont pas à craindre de se tromper même s'il leur paraît certain que les supérieurs se trompent. Mais lorsqu'on cesse de regarder la boussole infaillible, lorsqu'on s'écarte de la voie qu'elle dit de suivre sous prétexte de faire la volonté de Dieu qui n'éclaire pas bien ceux qui pourtant tiennent sa place, aussitôt l'âme s'égare dans des chemins arides où l'eau de la grâce lui manque bientôt. (17)
>
> THÉRÈSE DE LISIEUX

La Règle, pour porter ses fruits, doit être établie par un être clairvoyant dans le but d'un dépassement personnel. Il lui faut tenir compte de la nature humaine et permettre la récréation, la détente. L'obéissance au Supérieur suppose également que celui-ci ait réalisé Dieu ou du moins qu'il soit capable de diriger les autres, ce qui implique un dépassement de ses propres limitations. Sinon, il s'agit d'un aveugle qui conduit d'autres aveugles, d'une contrainte arbitraire imposée de l'extérieur par un être soumis aux mêmes conditionnements que ceux qu'il est censé guider. Tous les abus sont ici possibles. C'est pourquoi il s'avère nécessaire que le novice soit sûr de la liberté intérieure de son Supérieur, de même qu'en Orient le disciple a le droit de tester le gourou avant de s'en remettre définitivement à lui une fois sa conviction faite.

> Au moment de courber la nuque et de nous confier à un autre (...), avant même d'entrer, si nous avons quelque habileté et quelque prudence, il nous faudra examiner, scruter, et pour ainsi dire mettre à l'épreuve notre pilote, de peur que tombant sur un matelot au lieu d'un pilote, sur un malade au lieu d'un médecin, sur un homme sujet aux passions au lieu d'un homme impassible, et rencontrant la pleine mer au lieu du port, nous n'allions au-devant d'un naufrage tout préparé. Mais après notre entrée dans le stade de la piété et de l'obéissance, ne jugeons plus en rien notre bon entraîneur. (...) Sinon, nous ne retirerons aucune utilité de notre obéissance en nous érigeant en juges. (14)
>
> SAINT JEAN CLIMAQUE

Saint Jean de la Croix fera la même mise en garde dans ses *Avis et Maximes* :

> L'âme qui désire marcher en avant et ne plus revenir en arrière doit bien examiner en quelles mains elle se remet car tel sera le maître, tel sera le disciple. (15)

La décision d'obéir à un autre être requiert la prise de conscience de notre incapacité foncière à agir de façon juste, de nos contradictions ; elle est la reconnaissance de notre aveuglement et de nos limites. On s'en remet à une Règle qui a fait ses preuves ou à un être qui a réalisé Dieu. Il ne s'agit pas de la sujétion passive d'un être faible face à un plus fort que lui. L'obéissance, bien au contraire, ne se fait pas sans envergure. Elle demande une grande force intérieure pour combattre en nous le mouvement qui dit « non » à la réalité et veut suivre sa volonté propre.

Il reste bien évident que si l'obéissance est vécue comme contrainte extérieure à laquelle l'être se plie par peur, elle ne conduira qu'à la mutilation. Au contraire, si elle est vécue dans la compréhension de son action en nous et dans l'ouverture, elle débouchera sur la liberté intérieure. Là encore, ce n'est pas la méthode qui doit être incriminée mais bien plutôt la compréhension de celui qui la pratique.

En Orient, on retrouve la notion d'obéissance dans la soumission inconditionnelle du disciple envers le gourou. Comme le Supérieur du monastère, il représente Dieu sur terre ou l'Absolu pour les tenants des voies non dualistes.

Ce chemin de l'obéissance ne s'applique pas à tous les tempéraments et il existe d'authentiques possibilités de réalisation en dehors des monastères. Dans le cadre de la vie monastique, l'obéissance est une aide apportée à ceux qui veulent cheminer vite. Innombrables sont les auteurs chrétiens qui ont vanté les mérites de son action. Saint Jean Climaque affirme que « sans elle, aucun homme sujet aux passions ne verra Dieu » (14) et Maître Eckhart débute ses Traités par ces mots : « La véritable et parfaite obéissance est une vertu qui passe avant toutes les vertus, et aucune œuvre, si grande soit-elle, ne peut être entreprise ni réalisée sans cette vertu. » (2)

Simone Weil dit, de son côté : « Obéissance, unique passage du temps à l'éternité. » (4)

Charles de Foucauld, enfin, la définit ainsi : « L'obéissance est la consommation de l'amour. » (18)

Soumission à la volonté divine et obéissance

Nous avons distingué à dessein la soumission à la volonté divine de l'obéissance pour mieux mettre en relief la forme spécifique que peut prendre la soumission à Dieu dans les monastères. Il n'en demeure pas moins que cette distinction relève d'un certain arbitraire et que nombre d'auteurs chrétiens mélangent les deux notions, les appliquant tantôt aux événements tels qu'ils se présentent comme expression de la volonté divine, tantôt à la Règle et au Supérieur ou aux trois à la fois.

L'essentiel demeure l'érosion de la volonté propre ; le moyen employé pour y parvenir n'est important que pour le pratiquant auquel il se doit d'être adapté.

> Si petite et minime que soit une œuvre, elle est plus utilement accomplie dans la véritable obéissance, que ce soit dire ou entendre la messe, prier, s'adonner à la contemplation, ou quoi que tu puisses penser. Prends d'autre part une œuvre, aussi minime que tu voudras, quelle qu'elle soit, la véritable obéissance la rend plus noble et meilleure. L'obéissance réalise toujours le mieux en toutes choses. En vérité, l'obéissance n'égare jamais et n'entrave rien non plus, quoi que l'on fasse en quoi que ce soit qui procède de la véritable obéissance, car elle ne néglige aucun bien. L'obéissance ne doit jamais se montrer inquiète, nul bien ne lui fait défaut.
>
> Quand l'homme sort de lui-même dans l'obéissance et se renonce, Dieu est contraint de pénétrer en lui, car si cet homme ne veut rien pour lui-même, Dieu doit vouloir pour cet homme de la même manière que pour lui-même. Lorsque je me suis dépouillé de ma volonté pour me remettre dans la main de mon supérieur et que je ne veux rien pour moi-même, il faut que Dieu veuille pour moi, et s'il me néglige en cela, il se néglige lui-même. Il en est ainsi en toutes choses : quand je ne veux rien pour moi-même, Dieu veut pour moi. Note-le bien ! Que veut-il pour moi, alors que je ne veux rien pour moi-même ? Si je m'abandonne, il faut nécessairement qu'il veuille pour moi ce qu'il veut pour lui-même, ni plus ni moins et de la même manière qu'il le veut pour lui-même. Et si Dieu n'agissait pas ainsi, de par la vérité que Dieu est, Dieu ne serait pas juste et il ne serait pas Dieu, ce qui est sa nature et son essence.
>
> Dans la véritable obéissance, on ne doit pas trouver : Je veux telle et telle chose, ceci ou cela, mais un total

renoncement à ce qui t'est propre. Et c'est pourquoi la meilleure prière que puisse faire l'homme ne doit pas être : Donne-moi cette vertu ou cette manière d'être, ou encore : Seigneur, donne-toi à moi, ou donne-moi la vie éternelle, mais bien : Seigneur, ce que tu veux et de la manière que tu veux. Cette prière surpasse l'autre autant que le ciel domine la terre. Et si l'on prie ainsi on a bien prié : quand, dans la véritable obéissance, on est complètement sorti de soi-même pour aller à Dieu. Et de même que la véritable obéissance ne doit pas dire : Je veux cela, de même on ne doit jamais entendre dire : Je ne veux pas cela, car « Je ne veux pas cela » est un véritable poison de toute obéissance. C'est ainsi que saint Augustin dit : Le fidèle serviteur ne souhaite pas qu'on lui dise ou qu'on lui donne ce qu'il aimerait entendre ou voir, car sa première et suprême application est d'entendre ce qui plaît davantage à Dieu. (2)

Maître Eckhart

HISTORIQUE DU THÈME DE LA SOUMISSION À LA VOLONTÉ DIVINE DANS LE CHRISTIANISME

Les sources : les Évangiles

Le thème de la soumission à la volonté divine dans le christianisme remonte aux Évangiles. Marie en est le premier exemple chronologique : ayant appris qu'elle est destinée à mettre au monde le Christ, elle se contente de répondre, en toute simplicité et comme une évidence : « Je suis la servante du Seigneur. » Le Christ, à son tour, ne cessera de répéter, tout au long de sa vie, qu'il n'est pas venu pour faire sa volonté mais celle de son Père :

« Ma nourriture est de faire la volonté de Celui qui m'a envoyé. » (Jean, IV, 34)... « Je ne cherche pas ma volonté, mais celle de Celui qui m'a envoyé » (Jean, V, 30)... « Je suis descendu du ciel pour faire non ma volonté, mais celle de Celui qui m'a envoyé » (Jean, VI, 38).

Quand on dit au Christ: « Ta mère et tes frères te cherchent », la réponse tranchante jaillit: « Ma mère et mes frères sont ceux qui font la volonté de mon Père qui est dans les cieux. » (Matthieu XII, 47-49).

Au cœur de la prière qu'il enseigne aux disciples, ce message est encore présent: « que Ta volonté soit faite sur la terre comme au ciel ».

Au mont des Oliviers, c'est encore la volonté divine qui prévaudra pour lui: « Mon Père, s'il est possible, que cette coupe passe loin de moi ! Cependant, non pas comme je veux mais comme Tu veux. » (Matthieu, XXVI, 39).

Ces trois « Fiat » * inspireront des générations entières de chrétiens. La soumission inconditionnelle à la volonté divine restera la voie royale qui conduira les mystiques vers la perfection.

Saint Jean Climaque (VIIe siècle)

Saint Jean Climaque définit ainsi l'obéissance :

> L'obéissance est un renoncement absolu à sa propre âme.
> L'obéissance est le tombeau de la volonté.
> L'obéissance consiste à se défier de soi-même en toutes choses, si bonnes soient-elles, jusqu'à la fin de sa vie.

Quant aux résultats qu'elle produit sur ceux qui la pratiquent, voici ce qu'il en dit :

> J'ai vu (...) des hommes qui avaient passé près de 50 ans dans l'obéissance ; et comme je les priais de m'ap-

---

* « Fiat » : qu'il en soit ainsi. Correspond à notre « Ainsi soit-il ». « Amen » a le même sens. Il n'est pas inutile de faire le rapprochement avec la syllabe « Aum » en Orient. Les trois « Fiat » : celui de Marie, du Notre-Père et du Christ au mont des Oliviers.

prendre quelle consolation ils avaient tiré d'un si rude labeur (...), (ils) disaient avoir obtenu une parfaite insensibilité et la libération de toute peine dans les injures et les outrages.

Ils apparaissaient au-dehors d'une extrême douceur, bienveillants, lumineux, n'ayant dans leurs paroles ou leur comportement rien de feint, d'étudié ni de faux (...) ; et au-dedans de leur âme, comme de petits enfants innocents, ils attendaient tout de leur supérieur.

L'obéissance produit l'impassibilité.

Vous qui traversez cette vaste mer à la nage, soutenus par les mains d'un autre, sachez que vous avez entrepris de voyager par un chemin court, mais rude, où il ne se rencontre qu'une seule cause d'égarement : elle s'appelle la libre disposition de soi-même. Mais celui qui y a entièrement renoncé, même dans ce qui lui semble bon, spirituel et agréable à Dieu, a atteint le but avant de s'être mis en route. (14)

Maître Eckhart (v. 1260-1327)

Tu n'as ni maladie ni quoi que ce soit, à moins que Dieu ne le veuille. Et comme tu sais que c'est la volonté de Dieu, tu devrais en avoir tant d'agrément et de satisfaction que tu n'estimerais pas qu'une peine est une peine ; et même si c'était le plus extrême de la peine et que tu éprouves alors quoi que ce soit qui fût peine ou souffrance, ce serait encore complètement injustifié, car tu dois l'accepter de Dieu comme absolument le meilleur parce que c'est nécessairement le meilleur pour toi. Car il appartient à l'être de Dieu de vouloir le meilleur. C'est pourquoi je dois le vouloir aussi et rien ne doit me plaire davantage. Si je voulais de tout mon zèle plaire à quelqu'un et si je tenais pour certain que je lui plairais mieux dans un vêtement gris que dans tout autre, si beau qu'il soit, il ne fait aucun doute que ce vêtement serait pour moi plus plaisant et agréable que tout autre, si beau qu'il soit. Si je voulais plaire à quiconque et savais quelles paroles et quelles œuvres il aime, je les réaliserais, et rien d'autre. Eh bien ! examinez-vous vous-mêmes pour savoir ce qu'il en est de votre amour. Si vous aimiez Dieu, rien ne pourrait vous être plus délicieux que ce qui lui plairait le plus, ainsi que le plus complet accomplissement de sa volonté en nous. Si lourde que puisse paraître la peine ou le désagrément, si tu n'y trouves pas une aussi grande satisfaction, ce n'est pas bien.

J'ai coutume de dire souvent une parole qui est vraie. Nous disons tous les jours et clamons dans le Pater noster : « Seigneur, que ta volonté soit faite ! » Et quand sa volonté s'accomplit, nous sommes courroucés et sa volonté ne nous satisfait pas. Quoi qu'il fasse, c'est ce qui devrait nous plaire le mieux. CEUX QUI LE TIENNENT AINSI POUR LE MIEUX DEMEURENT EN TOUTES CHOSES DANS UNE PAIX TOTALE. Or il vous semble parfois et vous dites : « Ah ! si c'était arrivé autrement, ce serait mieux. » Ou bien : « Si cela n'était pas arrivé ainsi, autre chose aurait peut-être été mieux. » Tout le temps que tu penses ainsi, tu n'obtiendras jamais la paix. Accueille cela comme le meilleur. Tel est le premier sens de cette parole.

Pour accueillir Dieu comme on le doit, il faut l'accueillir également en toutes choses, dans les peines comme dans la satisfaction, dans les larmes comme dans la joie. En toutes choses, il doit être le même pour toi.

Ceux-là sont justes qui reçoivent de Dieu toutes choses, quelles qu'elles soient, de la même manière, que ce soit grand ou petit, agréable ou pénible, et tout à fait de la même manière, ni plus ni moins, une chose comme l'autre. Si tu estimes qu'une chose est plus que l'autre, c'est faux. Tu dois absolument aliéner ta volonté propre.
... SI DIEU NE VOULAIT PAS COMME MOI, JE VOUDRAIS POURTANT COMME LUI. Bien des personnes veulent avoir leur propre volonté en toutes choses ; c'est mal, c'est là une faute. Les autres se comportent un peu mieux : ils veulent bien ce que Dieu veut, ils ne veulent rien contre sa volonté, s'ils étaient malades, ils voudraient bien que la volonté de Dieu soit qu'ils se portent bien. Ainsi ces gens

voudraient que Dieu veuille selon leur volonté, plutôt que de vouloir selon sa volonté. Il faut l'admettre mais ce n'est pas bien. Les justes n'ont absolument pas de volonté, ce que Dieu veut leur est tout à fait égal, si grand que soit le désagrément.

Rien n'est plus douloureux et pénible à l'homme juste que ce qui est contraire à la justice : c'est-à-dire de n'être pas le même en toutes choses. Comme cela ? SI UNE CHOSE PEUT LES RÉJOUIR ET UNE AUTRE LES ATTRISTER, CEUX-LÀ NE SONT PAS JUSTES.

Est juste ce qui est le même dans la joie et dans la souffrance, dans l'amertume et dans la douceur, à qui aucune chose ne fait obstacle, en sorte qu'il se trouve un dans la justice.

L'homme qui est ainsi établi dans la volonté de Dieu ne veut rien d'autre que ce qu'est Dieu et ce qu'est la volonté de Dieu. S'il était malade, il ne voudrait pas être bien portant. Toute peine lui est une joie !

Où que nous nous trouvions, dans la fortune ou l'infortune, la joie ou la souffrance, quel que soit notre penchant, il nous faut nous en dépouiller.

Tu dois être stable et ferme, c'est-à-dire semblable dans la joie et dans la souffrance, dans le bonheur et le malheur.

En vérité, si Dieu doit être ton Seigneur, tu dois être son serviteur.

Dieu veut que tu sois malade et tu voudrais être bien portant — Dieu veut que ton ami meure et tu voudrais qu'il vive contre la volonté de Dieu : en vérité, Dieu ne serait pas ainsi ton Dieu. Si tu aimes Dieu et que tu sois malade — en nom Dieu ! Si ton ami meurt — en nom Dieu ! Si tu perds un œil — en nom Dieu ! Un tel homme serait tout à fait comme il doit être. Mais si tu es malade et que tu demandes à Dieu la santé, ta santé t'est plus chère que Dieu ; ainsi, il n'est pas ton Dieu : il est le Dieu du ciel et de la terre, mais il n'est pas ton Dieu.

Si ta volonté devient la volonté de Dieu et que tu tombes malade, tu ne voudrais pas te bien porter contre la volonté de Dieu, mais tu voudrais que la volonté de Dieu soit que tu te portes bien. Et quand les choses vont mal pour toi, tu voudrais que la volonté de Dieu soit que les choses aillent bien pour toi. Mais si la volonté de Dieu devient ta volonté et que tu sois malade — en nom Dieu ! Si ton ami meurt — en nom Dieu ! C'est une vérité certaine et une vérité nécessaire : si toutes les peines de l'enfer, et toutes les peines du purgatoire et toutes les peines du monde y étaient attachées, la volonté voudrait souffrir éternellement et sans cesse avec la volonté de Dieu dans les peines de l'enfer, elle voudrait les subir toujours comme son éternelle béatitude, elle voudrait dans la volonté de Dieu renoncer à la béatitude... elle voudrait à jamais demeurer dans les peines et l'amertume éternelles, elle ne pourrait s'en détourner un instant, et même la pensée ne pourrait pas lui venir de vouloir quoi que ce soit d'autre. QUAND LA VOLONTÉ DEVIENT AINSI UNIE, EN SORTE QUE CE SOIT UN UNIQUE UN, LE PÈRE DU ROYAUME CÉLESTE ENGENDRE EN SOI SON FILS UNIQUE EN MOI.

L'ESPRIT NE PEUT RIEN VOULOIR D'AUTRE QUE CE QUE DIEU VEUT, ET CE N'EST PAS SON MANQUE DE LIBERTÉ, C'EST SA LIBERTÉ PROPRE.

S'ils accueillent Dieu dans la paix et dans la quiétude, ils doivent aussi l'accueillir dans l'agitation et l'inquiétude, c'est absolument bien ainsi ; s'ils l'accueillent moins dans l'agitation et dans l'inquiétude que dans la quiétude et la paix, c'est mal. (7)

Thérèse d'Avila (1515-1582)

Il est clair que l'extrême perfection ne se trouve pas dans les régals intérieurs, ni dans les grandes extases, ni dans les visions, ni dans l'esprit de prophétie, mais bien dans une telle conformité de notre volonté avec celle de Dieu qu'il nous suffise de comprendre qu'il veut quelque chose pour que nous le voulions de toutes nos forces ; nous prenons alors les choses amères aussi joyeusement que les choses savoureuses, du seul fait que Sa Majesté * en a décidé.

Le plus sûr est de ne vouloir que ce que Dieu veut, il nous connaît mieux que nous ne nous connaissons nous-mêmes, et il nous aime. Remettons-nous entre ses mains pour que sa volonté s'accomplisse en nous.

Voici le commentaire que fait un de ses biographes, Emmanuel Renault, sur cet aspect de son enseignement :

> Le dictionnaire de Covarubbias, publié en 1611, indique que l'expression « se conformer à la volonté de... » qu'elle utilise si souvent signifie : être d'accord et d'une seule volonté. Ainsi aimer Dieu parfaitement sera réaliser avec lui un accord de volonté tel que la volonté de l'âme soit devenue une avec celle de Dieu, *telle est la plus grande perfection qu'on puisse atteindre dans la voie spirituelle.* Telle est la voie par laquelle se réalise *l'union véritable qui consiste à obtenir que ma volonté soit une avec celle de Dieu.* Thérèse a expérimenté que l'union avec Dieu est d'autant plus parfaite que la volonté se trouve plus totalement transformée en celle de Dieu. Les degrés de l'union se mesurent à la perfection de cette transformation. (10) **

Jean-Pierre de Caussade

Au XVIIIe siècle, le Père Jean-Pierre de Caussade, un auteur dont le renom ne s'étend guère au-delà des milieux monastiques et théologiques, écrivait un petit livre au titre évocateur : *L'abandon à la Providence divine.*

Le Père de Caussade était par ailleurs le directeur spirituel de

---

* Sa Majesté : formule que Thérèse d'Avila utilise fréquemment pour désigner Dieu.
** En italiques : les citations de la sainte par Emmanuel Renault.

nombreuses religieuses. On retrouve le thème de la soumission à Dieu longuement développé dans les *Lettres Spirituelles* qu'il leur adressait.

> ... ne vouloir en tout et partout que ce que Dieu veut, ou, en d'autres termes, adhérer à tous les ordres de la divine Providence, dans toutes les dispositions imaginables, soit intérieures, soit extérieures : santé ou maladie, sécheresses, distractions, ennuis, dégoûts, tentations, et à dire en tout cela de cœur : oui, mon Dieu, je veux tout, j'accepte tout, je vous sacrifie tout ou du moins je désire de le faire. (5 bis)

Vous cherchez Dieu (...) et il est partout, tout vous l'annonce, tout vous le donne.
VOUS CHERCHEZ LA PERFECTION ET ELLE EST DANS TOUT CE QUI SE PRÉSENTE À VOUS DE SOI-MÊME.

Une âme sainte n'est qu'une âme librement soumise à la volonté divine avec l'aide de la grâce.

Il faut... en tout aimer Dieu et son ordre ; il faut l'aimer tel qu'il se présente, sans rien désirer de plus.

Il ne faut rien rechercher, rien rejeter, mais prendre tout de sa part et rien sans lui.

IL N'Y A QUE VOTRE CŒUR À CHANGER. CE QU'ON ENTEND PAR LE CŒUR, C'EST LA VOLONTÉ* ; CE CHANGEMENT CONSISTE À VOULOIR TOUT CE QUI VOUS ARRIVE PAR L'ORDRE DE DIEU. Oui, la sainteté du cœur est un simple fiat, une simple disposition de volonté conforme à celle de Dieu.

La seule volonté de Dieu fera votre plénitude qui ne vous laissera aucun vide.

L'âme qui voit la volonté de Dieu dans les plus petites choses, dans les plus désolantes et les plus mortelles, et qui en vit, reçoit tout avec une joie, une jubilation, un respect égal ; ET, CE QUE LES AUTRES CRAIGNENT ET FUIENT, ELLE OUVRE TOUTES SES PORTES POUR LE RECEVOIR AVEC HONNEUR.

Trouver également Dieu dans les plus petites choses et les plus communes comme dans les grandes, c'est avoir une foi non commune, mais grande et extraordinaire. Se contenter du moment présent, c'est goûter et adorer la volonté divine dans tout ce qui se rencontre à souffrir et à faire dans les choses qui composent par leur succession le moment présent.

Ce qui nous instruit, c'est ce qui nous arrive d'un moment à l'autre.

Cette action divine s'applique par toutes choses, à tous moments, à ma perfection.

Vous cherchez des secrets d'être à Dieu ? Il n'y en a point, SINON DE SE SERVIR DE TOUT CE QUI SE PRÉSENTE. Tout mène à cette union, tout perfectionne, excepté ce qui est péché et hors du devoir ; il n'y a qu'à recevoir tout et laisser faire. Tout vous dirige, vous redresse et vous porte.

Tous vos sentiments, vos pensées, de quelque part que cela vienne, tout cela part de cette main invisible.

Tous les états que le corps et l'âme portent, ce qui leur arrive au-dehors et au-dedans, ce que chaque moment leur révèle, c'est (...) leur félicité.

Le moment présent est toujours comme un ambassadeur qui déclare l'ordre de Dieu, le cœur prononce toujours le fiat. (...) Tout lui est moyen, tout est instrument de sainteté sans aucune différence que de tenir toujours ce qui est présent pour l'unique nécessaire.

Ce qui arrive à chaque moment porte l'empreinte de la volonté de Dieu.

Tout ce qui se fait en nous, autour de nous et par nous, renferme et couvre son action divine. (...) SI NOUS ÉTIONS VIGILANTS ET ATTENTIFS, Dieu se révélerait sans cesse à nous et nous jouirions de son action en tout ce qui nous arrive ; à chaque chose nous dirions : *Dominus est*, c'est le Seigneur ! (5)

Horatius Bonar (1808-1899)

Ta voie, ô Seigneur, non la mienne,
 si obscure qu'elle soit !

Conduis-moi de Ta propre main,
    choisis le sentier pour moi;
Qu'il soit uni, qu'il soit rude,
    toujours il sera le meilleur;
Qu'il serpente ou aille droit,
    il conduit à Ton repos.
Choisis pour moi mes amis,
    et maladie ou santé;
Choisis mes soucis pour moi
    et richesse ou pauvreté.
Jamais ne laisse à mon choix
    ni grande ni petite affaire;
Sois mon guide et ma force, sois
    et ma sagesse et mon tout. (19)

Thérèse de Lisieux (1873-1897)

Mon Dieu, « *je choisis tout* ». Je ne veux pas être une *sainte à moitié*, cela ne me fait pas peur de souffrir pour vous, je ne crains qu'une chose c'est de garder ma *volonté*, prenez-la, car « *Je choisis tout* » ce que vous voulez.

Je veux bien être malade toute ma vie si cela fait plaisir au Bon Dieu.

Mon Dieu, pour votre amour j'accepte tout: si vous le voulez, je veux bien souffrir jusqu'à mourir de chagrin.

Oh! qu'elle est douce la voie de l'Amour!... Comme je veux m'appliquer à faire toujours avec le plus grand abandon, la volonté du Bon Dieu!...

Maintenant, c'est l'abandon seul qui me guide, je n'ai point d'autre boussole!... Je ne puis plus rien demander avec ardeur, excepté l'accomplissement parfait de la volonté du Bon Dieu sur mon âme.

Jésus ne demande pas de grandes actions, mais seulement l'abandon.

Oui tout est bien lorsqu'on ne recherche que la volonté de Jésus. (17)

Mon cœur est plein de la volonté du bon Dieu, aussi, quand on verse quelque chose par-dessus, cela ne pénètre pas à l'intérieur; c'est un rien qui glisse facilement, comme l'huile qui ne peut se mélanger avec l'eau. Je reste toujours au fond dans une paix profonde que rien ne peut troubler.

Toujours ce que le bon Dieu veut m'a plu, au point que s'il m'avait donné à choisir, c'est cela que j'aurais choisi. (9)

Charles de Foucauld (1858-1916)

« Mon Père, je remets mon esprit entre vos mains » : C'est là la dernière prière de notre Maître, de notre Bien-Aimé... Puisse-t-elle être la nôtre... Et qu'elle soit non seulement celle de notre dernier instant, mais celle de tous nos instants : Mon Père, je me remets entre Vos mains; mon père, je m'abandonne à Vous, je me confie à Vous; mon Père, faites de moi tout ce qu'il Vous plaira; quoi que Vous fassiez de moi, je Vous remercie; merci de tout, je suis prêt à tout; j'accepte tout; je Vous remercie de tout; pourvu que Votre volonté se fasse en moi, mon Dieu, pourvu que Votre volonté se fasse en toutes Vos créatures, en tous Vos enfants, en tous ceux que Votre Cœur aime, je ne désire rien d'autre, mon Dieu; je remets mon âme entre Vos mains; je Vous la donne, mon Dieu, avec tout l'amour de mon cœur, parce que je Vous aime, et que c'est un besoin d'amour de me donner, de me remettre en Vos mains sans mesure : je me remets entre Vos mains avec une infinie confiance, car Vous êtes mon Père.

Dieu (...) nous aime plus qu'une mère, plus qu'un époux... Notre amour, l'union de notre volonté à la Sienne, l'acquiescement à tout ce qu'Il veut de nous, sont tout ce qu'Il demande de sa pauvre créature : paix aux hommes de bonne volonté.

On souffre très utilement quand on souffre dans l'amour de Dieu, c'est-à-dire en ayant la volonté de L'aimer, la volonté de faire Sa volonté, en voulant qu'en toute chose Sa volonté se fasse, et non la nôtre... Aimer Dieu, c'est vouloir ce qu'Il veut, vouloir que Sa volonté se fasse en tout (18)

Maurice Blondel (1861-1949)

Faire la volonté de Dieu, c'est l'unique joie.
Je veux,
Que toute ma vie réponde et définisse : Je veux.
Je veux vouloir avec Dieu, ce que Dieu veut,
comme Dieu veut de moi.

Pleinement conséquent à son vœu d'indépendance, l'homme en vient à se soumettre à Dieu, (...) le suprême effort de sa nature, c'est d'avouer le besoin de ce qui le dépasse, et (...) sa volonté propre l'empêche d'arriver à sa volonté vraie. (31)

Gustave Desbuquois (1869-1959)

Un auteur contemporain, Le Père Gustave Desbuquois, s'inspire en droite ligne de Jean-Pierre de Caussade. Il a été très marqué également dans sa jeunesse par le Père Nicaise Vasseur, moine du monastère où il faisait son noviciat. Le Père Nicaise Vasseur lui répétait souvent :

Tout ce qui nous arrive nous arrive du bon Dieu ; tout recevoir de Dieu.

Il faut apprendre à aimer ce que le bon Dieu veut. Voyez-vous, Il vous veut malade, Il vous empêche de faire le noviciat comme vous l'aimeriez, comme vous le voudriez, il faut aimer cela, il faut accepter cela.

Acceptez tout du bon Dieu. Dites merci pour tout ce qui vous arrive ; dites merci au bon Dieu pour l'ennui que vous éprouvez.

Acceptez du bon Dieu tout ce qui vous arrive. Ce que vous arrangez vous-même, c'est bien ; mais tout le reste, acceptez ça du bon Dieu avec amour : *Fiat Voluntas Dei*. (21)

Père Nicaise Vasseur (né en 1849)

Par la suite, G. Desbuquois écrit un livre, *L'Espérance*, dont nous extrayons un long passage. Employant un procédé original, G. Desbuquois y fait parler Dieu à la première personne : Dieu explique ainsi directement à l'homme sa volonté et les raisons de son action dans le monde et dans la vie de l'homme :

> Ne crois pas, tout d'abord, que les choses aillent à l'aveugle dans ta vie, qu'elles y fassent arbitrairement leur trouée ; ne le crois pas, même dans les circonstances où les forces semblent fatales, où le hasard et la violence semblent dominer, et se jouer des vies humaines ; sache-le bien, malgré les apparences, ma providence agit ; les choses ont un ressort mystérieux et divin. Je suis leur auteur ; je mène le monde ; je conduis ta vie.
>
> A mon regard et à mon action rien n'échappe. J'ai tout compté, jusqu'aux cheveux de ta tête ; j'ai tout calculé (...), jusqu'à ces mille riens de la vie ordinaire qui ne laissent au passage qu'une trace fugitive.
>
> Oui, tu peux, à cette lumière, tout considérer dans ton existence : chaque pièce, chaque fragment, chaque élément.
>
> Vois d'abord ce qui t'échoit ou t'arrive indépendamment de toi, tout ce qui, au cours habituel de ta vie ou à un instant donné, ne dépend pas de ta libre volonté, mais s'impose à toi : tout cela n'a qu'une source, une origine : ton Dieu. Oui, tout cela porte l'empreinte de sa divine volonté ; tout est le terme de son intention formelle ; tout ne trouve qu'en Lui son dernier mot, sa suprême raison d'être.
>
> (...) C'est moi qui, depuis le commencement des temps, ai défini l'ordonnance de l'univers que j'ai créé et que je conserve ; c'est moi qui en tire ces mille éléments

qui composent ta nature, ton tempérament propre, aussi bien que le milieu où tu t'es développé. Ame et corps, facultés avec leurs qualités et leurs défauts, leurs richesses et leurs déficits, leurs attraits et leurs répugnances, leurs goûts et leurs répulsions, les aptitudes ou les heurts qui en résultent, tout cela vient de ton Créateur et Seigneur; tout cela vient de moi: dans ton être, j'ai agencé ces forces et ces impuissances, les aspirations ou les reculs de ta nature; au-dehors, je t'ai choisi une patrie, une famille, tel groupement où tu es fixé; j'ai marqué les étapes de tes déplacements forcés à travers le monde; j'ai ménagé et ménage encore, le contact de tel caractère, les facilités ou les oppositions qui s'ensuivent; j'ai voulu le cadre mystérieux d'événements où tu te débats parfois impuissant...

Descends jusqu'au plus mince détail de ton existence: le cadre extérieur de tes journées, le froid et la chaleur, la pluie et le beau temps, les mille riens qui te plaisent ou t'incommodent, les impressions de bien-être ou de malaise qui semblent se succéder au hasard, ces petites choses, comme les grandes, sont mon œuvre. Tout cela procède, il est vrai, immédiatement de causes naturelles qui s'exercent, dirait-on, à l'aveugle et font comme de vive force leur travail ou leur trouée dans ta vie. Il n'en est pas ainsi. Ces causes et ces lois de la nature ont un ressort caché, ressort intelligent qui anime et règle leur mécanisme. Elles ont pour auteur et pour moteur ton Seigneur, Intelligence suprême, infinie, au regard duquel rien n'échappe, depuis le majestueux balancement des astres jusqu'à l'imperceptible vibration de l'atome. (...)

Choix de ton Seigneur, cette mystérieuse contexture de ta vie, cet apport dans ton être de tant et tant d'éléments qui s'imposent à toi, qui s'incrustent en toi sans que tu puisses décliner leur entrée, et même leur incorporation, leur assimilation à ton être, à ton caractère ou à ton action, marquant ta dépendance radicale vis-à-vis des conditions qui régissent ta vie.

Tout cela, je l'ai choisi pour toi. Tu sais de la sorte, le lot que je te demande d'accepter, tu sais toutes les forces que je mets à ton service ou que je semble te refuser; tu sais la tâche, avec ses aides ou ses entraves, que je te demande d'accomplir. (...)

Elle est donc vraiment immense, la part de mon intervention dans les événements qui composent ton histoire. (...) A chaque instant j'introduis, ou je laisse entrer dans ton existence, ces agents, nécessaires ou libres, ces éléments dont l'influence s'exerce sur toi ; continuellement je règle, je coordonne, modèle et tempère leur action, dans le dernier détail, si bien que de chacun des événements, de chacun de ces faits, tu peux dire en toute vérité : « En ce moment même Dieu, mon Seigneur, en est l'auteur ; dans leur origine ils sont divins. »

Et si tu sondes ces mots : « ils sont divins », si tu en presses le sens, tu apercevras que ces événements procèdent de la toute-sagesse, de la toute-puissance, de la toute-bonté du Seigneur. Sagesse infaillible à laquelle rien n'échappe ; toute-puissance à laquelle aucune volonté ne résiste ; toute-bonté souverainement à l'œuvre, elle aussi, elle par-dessus tout, dans l'ordonnance de ta destinée.

Comme il t'est bon de croire que chacune des circonstances, sorties du néant pour entrer dans tes cadres, obéit à un appel de mon amour ; que chacune est un don de mon cœur, une manifestation de ma charité infinie. Tu n'as donc pas affaire à une puissance froide et rigide, qui force à tout propos les portes de ta vie, pour y introduire ses bizarres ou cruels caprices. Non, l'amour, un amour paternel sans bornes, gouverne en ton Dieu la sagesse et la puissance. Entre toutes les créatures possibles, mon cœur s'est plu à faire un choix, choix spécial pour chacun ; mon cœur s'est ingénié, il s'ingénie sans cesse, de façon à composer cette Providence paternelle aimante, toujours en éveil, ayant toujours en vue ton plus grand bien. Oui, ton plus grand bien, tu peux, en vérité, prendre ces mots à la lettre. Terme d'une sagesse infinie, d'une infinie puissance, d'un amour infini, tout ce qui, à chaque moment, s'impose à toi est, à considérer son origine première, en toute rigueur, ce qu'il y a de mieux pour toi, ce qu'il y a de plus sûr, de plus profitable, ce qu'il y a de plus aimable.

Ne serait-ce donc pas te tromper que de t'arrêter à l'apparence indifférente, agréable ou pénible, des choses, de rester ainsi à la surface ? Sache percer l'écorce, et saisir la divine moelle. Toute chose procède de la toute-bonté du seigneur, que cela suffise à ta foi et à ton espérance : douce ou amère de prime abord, elle devient, si tu en goûtes la provenance, foncièrement bonne, car elle est le fruit d'une prédilection infinie. Aussi dois-tu la recevoir avec gratitude, toujours soumis, toujours content, toujours confiant. (...)

Au cours de ton action, ton premier devoir est d'accepter ainsi les conditions dans lesquelles ma Providence la situe, dans le but unique de rendre ta vie plus sainte, plus féconde, de t'aider à mieux aimer ton Dieu et à mieux le faire aimer. LA CONFORMITÉ A MA DIVINE VOLONTÉ PAR L'ACCEPTATION CONTINUELLE DE MON INTERVENTION, jointe à l'effort vigoureux, toujours souple, toujours soutenu, se pliant avec amour aux adaptations voulues par ma Providence, voilà ce que j'attends de toi dans l'accomplissement de la tâche que je te confie.

ACCEPTE-TOI TOI-MÊME D'ABORD, ACCEPTE TOUT CE QUE TON ÊTRE COMPORTE, SES RICHESSES ET SES PAUVRETÉS ; ACCEPTE D'AGIR TEL QUE TU ES ; ACCEPTE TON LOT : JE L'AI CHOISI.

Accepte ta vocation : je l'ai choisie.

Accepte la part de grâces que je te réserve chemin faisant : je l'ai choisie.

Accepte au besoin les conditions parfois pénibles et déconcertantes dans lesquelles tu déploies ton activité ; accepte la situation où tu sembles moins agir que te débattre contre la contradiction (...).

Accepte ce que j'impose ou permets ; continue à agir, fais ton devoir, si âpre soit-il ; ne décline aucun labeur voulu ou souhaité par ton Seigneur ; multiplie avec sérénité tes actes de foi, de confiance, de soumission à ma volonté, et confie-moi le reste. (...) Cramponne-toi à la conformité à ma volonté, (...) redouble d'espérance. (...) Tu réalises ta haute vocation par des chemins que tu ignores : pour ceux qui me servent de la sorte, pour ceux qui m'aiment, tout se mue en bien, tout engendre le bonheur, l'amour.

Acquiesce de la sorte à ma volonté dans l'exercice de ta mission, et je ferai par toi de grandes choses.

LA CONFORMITÉ A LA VOLONTÉ DE TON SEIGNEUR, TU LE SAIS, N'EST POINT DE LA PASSIVITÉ NI DE L'INERTIE. ELLE TE FAIT ACCEPTER CONSTAMMENT D'AGIR SANS DÉFAILLIR DANS LES CONDITIONS VOULUES PAR MOI. Elle te demande, au premier chef, de réagir contre les déficits mêmes, de tout ordre, que j'ai voulus ou permis en toi, contre les difficultés du dehors dont je suis le mystérieux auteur, contre les contradictions dont je sème la vie de mes justes. (...)

En ces heures difficiles, n'appréhende rien, ne regrette rien; impose le silence à toute voix qui semble douter de ma Providence; adhère sans hésiter à toutes ses dispositions passées et futures; ne donne pas audience aux regrets, aux protestations, aux appréhensions. Rien ne légitime ces sentiments dans une âme qui s'attache par-dessus tout à ma loi. Je veille sur toi dans la mesure même de ta soumission à ma volonté, et de ta fidélité à accomplir ton devoir. L'avenir est dans ma main : que peux-tu redouter ? Le passé, je l'ai créé tel quel; il ne recèle rien que je n'aie voulu ou permis pour ton bien; que pourrais-tu regretter ?

Quand ton intelligence se trouble au regard de tant d'événements, de calamités, d'épreuves, qui surprennent, entravent, bouleversent ton action, élève-toi jusqu'à moi. J'éclairerai ton âme; je te donnerai, autant qu'elles peuvent s'obtenir ici-bas, la lumière et la paix.

Sache bien que ma conduite est régie par un seul dessein : le salut éternel des âmes, le salut de chaque âme en particulier. Que cette loi souveraine de mon action, qui pénètre ta propre action, en éclaire le sens à tes yeux, et te donne la lumière de la foi.

Sache bien que cette existence est un passage, une épreuve, une préparation à la vie éternelle. Combien d'événements qui commandent, paralysent ou stimulent ton activité, ne sont apparemment inexplicables que parce que l'on considère la vie, l'activité terrestre, comme le tout de l'homme, comme devant se suffire à elles-mêmes, devant contenir dans leur cadre étroit l'acquit de toute justice, la solution immédiatement visible de toutes les difficultés, le prix manifeste de tous les efforts.

L'action d'ici-bas n'est pas cela; elle ne s'explique, comme elle ne se complète, que par son prolongement dans l'éternité, et par mon activité providentielle qui la gouverne.

Fixe ton regard sur cette vérité et tu auras la clef de bien des énigmes qui intriguent la raison et contrarient la foi. Fais-moi confiance, fais confiance à ton Père du ciel, qui met et remet tout dans l'équilibre et dans l'ordre, jusque dans les contradictions les plus poignantes. (20)

Le second passage est extrait de *Vivre le bon plaisir de Dieu*, livre où sont rassemblées les lettres que G. Desbuquois écrivait à ceux qui lui demandaient conseil:

La sainteté, c'est l'union de la volonté à celle de Dieu, l'union au bon plaisir divin.

Adhérer, accepter, aimer, comme Il veut et ce qu'Il veut.

Il faut, par la volonté, vous attacher à la Volonté de Dieu, faire de cette volonté, indépendamment des sentiments qui vont, qui viennent, la cause de votre joie, d'une paix imperturbable, faite de foi, d'espérance.

C'est un état à créer en vous et qui s'établira de façon permanente, si vous êtes fidèle à ne pas donner audience aux doutes et aux craintes qui peuvent, même raisonnablement, vous assaillir. J'ai pris une telle habitude de cette attitude que maintenant cette joie supérieure ne me quitte jamais : je suis le plus heureux des hommes. Je ne connais jamais plus de dépression morale. (21)

Le bon sens populaire

Il y avait une fois un docteur en théologie qui depuis sept ans priait Dieu:

« Mon Dieu, vous le voyez, j'étudie tous les livres,

sans y trouver comment vivre de votre paix dans la simple lumière. Je vous en supplie, ô mon Dieu, adressez-moi à quelque humain qui m'apprenne la vraie voie dans la vie spirituelle. »

Un jour, se promenant dans la campagne, il vit au carrefour un gueux à cheveux blancs. Assis au pied de la croix, ce pauvre y prenait le soleil.

« Mon ami, lui dit le docteur, en lui donnant un denier, je vous souhaite le bonjour.

— Je vous remercie, monsieur l'abbé, lui répondit le pauvre, mais de mauvais jours, je n'en ai jamais eus.

— Oh, mon ami, vous êtes l'homme que je cherche ! Jamais de mauvais jours ? Comment cela ?

— Ma foi, je me suis dit que puisque Dieu est mon père, je dois m'accoutumer à vouloir ce que Dieu veut. Biens, maux, aubaines, peines, je les reçois comme venant de sa main ; et donc je prends comme bon tout ce qui me tombe dessus... Monsieur l'abbé, voilà, c'est tout. » (22)

SOUMISSION À LA VOLONTÉ DIVINE DANS L'HINDOUISME *

Dieu n'est pas pour celui qui s'agite et qui murmure (...), soumettez-vous à Sa sainte volonté et tout ira bien.

Cessez de vous irriter. Réconciliez-vous avec le sort que Dieu vous a choisi.

Croyez que Dieu fait toutes choses pour le mieux.

Il faut nous soumettre (...) à la volonté et à l'action de cette puissance infinie, de cet amour infini qu'est Râm **. (23)

Nous ne devrions pas prier Dieu de nous éviter des

---

* Voies de la dévotion ou *bhakti-yoga*.
** *Râm* : un des noms de Dieu dans l'hindouisme.

difficultés, mais le prier de nous mettre en état de voir Sa volonté en elles, dans nos épreuves et nos ennuis.

Il faudrait non pas éviter les chagrins, mais bien les accepter comme voulus de Dieu pour nous rapprocher de l'ultime Vérité, but de notre vie. (24)

Swâmi Ramdas

Tout ce qui arrive par la volonté de Celui qui est la Volonté elle-même est bénéfique.

Le devoir de l'homme est de considérer tout ce qui arrive comme étant pour le mieux. « Pour le mieux » signifie l'aide la plus efficace pour aller vers la réalisation du Divin, la réalisation de la plénitude de la félicité. (25)

Mâ Anandamayi

LA SOUMISSION À DIEU
DANS LES MONASTÈRES CHRÉTIENS DE NOS JOURS

On peut se demander si l'attitude d'acceptation est encore vivante dans le christianisme : bien que notre civilisation occidentale soit de plus en plus pauvre dans le domaine spirituel, il subsiste encore des îlots où la même exigence intérieure demeure perceptible.

En parcourant, entre autres, le livre de Catherine Baker, *Les Contemplatives, des femmes entre elles* qui relate l'enquête menée par une jeune femme dans des monastères, on est souvent frappé de constater que ce thème est demeuré très vivant pour beaucoup de religieuses.

L'auteur du livre ne partage pas la foi des religieuses qu'elle interroge. Elle a pourtant le respect du désir d'Absolu qui les anime et ce même respect l'incite à ne pas trahir les termes dans lesquels elles s'expriment. On s'aperçoit alors que pour certaines religieuses (pas toutes), l'essentiel demeure une pratique patiente, quotidienne, lucide d'acceptation de la vie. Un solide bon sens leur dévoile la réalité simple que recouvrent certains mots liés à leur vie religieuse. Voici, par exemple, comment elles redéfinissent l'ascèse et l'obéissance :

> L'ascèse ! Mot à la mode ! Y a-t-il seulement une expression pour dire « être prêt à accepter avec humilité la vie telle qu'elle se présente ? » (Une Visitandine de 72 ans.)

> Ce qu'est l'ascèse ? C'est la disponibilité à l'événement tel qu'il surgit sur la route, inattendu toujours, semblant parfois dépasser notre force. Il est bien plus difficile mais bien plus nécessaire d'accepter la sœur qui vous agace par certaines manières de faire que de se priver de sucre dans son café du petit déjeuner en période de carême. (Une Bénédictine de 53 ans.)

Une Cistercienne, qui a compris qu'acceptation et action ne sont nullement incompatibles, relate son expérience en termes simples :

> L'ascèse d'aujourd'hui, c'est avoir la force de prendre les épreuves comme elles viennent, par exemple si j'ai froid, je vais essayer de me réchauffer, si je ne peux pas y parvenir, je le supporte. (Une Cistercienne de 40 ans.)

> Dans l'obéissance, j'ai trouvé la paix. (...)
> Elle (la supérieure) peut tout me demander, je suis une fleur qui s'incline sous la pluie et le vent. Je suis heureuse car je suis entre les mains du Seigneur. (Une Visitandine de 77 ans.)

> En anéantissant ma propre volonté, je me perds dans la volonté de Dieu. (Une Adoratrice de 71 ans.)

> Le vœu d'obéissance, c'est la joie d'une créature qui perd tout pour l'amour de Dieu, qui s'effeuille. Il n'y a qu'une seule paix, celle de dépendre de Dieu. (Une Visitandine de 73 ans.)

> Nous n'obéissons que pour une libération. (Une Abbesse cistercienne.)

> Dans la vie de foi, on ne peut échapper à l'obéissance, au vouloir de Dieu, à la soumission inconditionnelle à Sa volonté ; c'est, je crois, à l'opposé de la démission, de la facilité. Servante, oui dans le sens le plus noble du terme. (Une Clarisse de 40 ans.)

> L'obéissance se vit comme conformité de volonté, soumission de sa volonté propre pour rechercher avant tout celle de Dieu, qui s'exprime par les supérieurs, par les sœurs et par les événements (...) *Le vœu d'obéissance nous décentre de nous-mêmes et nous rend plus légers pour nous tourner vers Dieu et vivre simplement avec Lui.* (Une jeune Cistercienne.)

L'auteur note dans la conclusion de son livre :
« J'ai senti chez les contemplatives un goût des choses telles qu'elles sont, une espèce de consentement à la vie telle qu'elle se présente. » (26)

Un Chartreux du début de ce siècle insiste sur la nécessité d'accepter tous les états intérieurs que traverse le moine dans la vie contemplative. Il ne faut pas seulement les accepter mais s'appuyer sur eux, les utiliser en vue d'une ascension spirituelle.

> Ce que j'ai considéré jusqu'ici comme obstacle sera dès maintenant un moyen : tentations, distractions, difficultés intérieures et extérieures. Jusqu'ici tout cela m'a arrêté et découragé ; dès maintenant tout cela me servira de tremplin pour m'élever vers Dieu en me dégageant de la créature. Je n'y verrai plus qu'une invitation pressante à m'unir davantage à mon Dieu par un acte de foi, de confiance, d'amour et d'abandon. Ces choses pénibles seront des grâces puisqu'elles me forceront à sortir de moi-même pour ne plus vivre qu'en Dieu.

> La vie spirituelle est habile et puissante ; il n'est rien dont elle ne tire profit : l'âme fidèle trouve son bien dans chaque événement, un principe plus profond que celui de la vie naturelle lui permet de se fortifier, de

s'édifier au contact de toutes choses. S'il n'en est pas ainsi pour chacun de nous, si bien des accidents nous troublent et nous désorientent, c'est précisément que nous ne sommes pas assez intérieurs : il nous faut descendre au plus secret de nous-mêmes, nous recueillir patiemment et retrouver, dans la solitude avec Dieu, cette adresse divine, cette force mystérieuse, grâce à laquelle, de nouveau, nous saurons assimiler harmonieusement, sans exception, ce qui nous arrive et ce qui nous entoure.

On a dit que la douceur était le résumé de toutes les vertus chrétiennes : elle est faite surtout de patience et de bienveillance, de respect et d'amitié pour toutes les âmes, et même pour tous les êtres, puisqu'une personne douce est douce envers les choses comme envers les hommes. C'est au fond un accord avec la volonté de Dieu sous toutes ses formes, un tendre consentement à tout ce qui est.

Il n'y a plus de petites choses pour une âme ainsi abandonnée : couper le pain, éplucher les pommes, balayer les escaliers, chanter un cantique, tout cela est immense, puisque c'est dans les mains de Marie. Nous pouvons dire aussi, sans nous contredire, que pour une âme abandonnée, il n'y a plus de grandes choses : ce qui paraît montagne, obstacle énorme à qui se dirige lui-même et porte le souci de soi, est un accident insignifiant pour l'âme abandonnée.

Nous ne serons maîtres de nous-mêmes, nous n'aurons de justice et de prudence véritables que si, par un audacieux et pur accueil, nous laissons Dieu faire en nous Sa Volonté, être en nous ce qu'Il veut être. (29)

Un Chartreux

Silouane, moine du mont Athos du début du XXe siècle, écrit ceci :

Comment peux-tu reconnaître que tu vis conformément à la Volonté de Dieu ? En voici le signe : si tu es préoccupé de quelque chose, cela veut dire que tu n'es pas complètement abandonné à la Volonté de Dieu, même s'il te paraît vivre selon sa Volonté. Celui qui vit selon la Volonté du Seigneur ne s'inquiète de rien. Si une chose lui est nécessaire, il abandonne cela et lui-même au Seigneur ; il remet tout entre ses mains ; et s'il ne reçoit pas la chose nécessaire, il reste calme, tout comme s'il l'avait reçue. Quoi qu'il arrive, il ne craint pas, sachant que telle est la Volonté de Dieu. Si une maladie le frappe, il pense : la maladie est nécessaire pour moi, autrement le Seigneur ne me l'aurait pas envoyée. Ainsi garde-t-il la paix et du corps et de l'âme.

Celui qui a réussi à s'abandonner à Dieu en toutes choses vit seulement en Dieu, et dans cette Joie intérieure, il prie pour tous les hommes. (30)

Silouane

MYSTIQUES ET SAGES

Quand on lit la vie des grands mystiques ou des sages, on est souvent tenté de retenir uniquement l'aspect spectaculaire de leur destinée qui paraît fort éloignée de notre expérience courante. On se souvient avant tout des miracles éventuels qu'ils ont pu accomplir et du haut niveau spirituel qui était le leur. On oublie quel chemin ils ont dû parcourir pour en arriver là. C'est pourtant ce chemin qui nous concerne avant tout puisqu'il témoigne de la méthode qu'ils ont employée et que nous pouvons utiliser à notre tour pour parvenir au même accomplissement spirituel. Cette méthode, appliquée à tous les détails de leur vie, les amenait peu à peu à cette transformation intérieure qui suscite notre admiration. Ce qui différencie les mystiques des autres hommes, ce n'est donc pas tant les événements extraordinaires qui peuvent leur arriver : *disons plutôt qu'ils ont une façon extraordinaire de considérer les événements.* Dans ce que nous considérons comme ennuyeux, perturbant, faisant obstacle à la bonne marche des choses, ils ne voient que l'expression de la volonté divine. Ce qui ennuie les autres les réjouit. Ils n'ont pas d'autre secret qu'une façon entièrement nouvelle de considérer la vie. On ne peut manquer d'être frappé de voir qu'ils considèrent avec le même amour tous les événements. Ramdas, sage hindou du xxe siècle, parcourait les routes de l'Inde en répétant sans cesse le nom de Dieu, dans un abandon total à la volonté divine. Au cours de ses pérégrinations, il eut à endurer la faim, la soif, les injustices de toute sorte : sa joie n'en était jamais ébranlée, dans tout ce qui lui advenait, il ne voyait que la main de Dieu, pour lui tout était sacré.

Thérèse de Lisieux tirait parti de tous les menus incidents de sa vie au monastère pour progresser. Cette « petite doctrine » (c'est ainsi qu'elle nommait sa voie spirituelle) a fait d'elle une grande sainte ; en voici quelques exemples qu'elle relate dans ses *Manuscrits autobiographiques :*

> Un soir après complies je cherchai vainement notre petite lampe sur les planches réservées à cet usage, c'était grand silence, impossible de la réclamer... Je compris qu'une sœur croyant prendre sa lampe avait pris la nôtre dont j'avais un très grand besoin ; au lieu de ressentir du chagrin d'en être privée, je fus bien heureuse, sentant que la pauvreté consiste à se voir privée non pas seulement des choses agréables mais encore des choses indispensables, ainsi dans les *ténèbres extérieures* je fus illuminée intérieurement... (17)
>
> Longtemps, à l'oraison du soir, je fus placée devant une sœur qui avait une drôle de manie. (...) Aussitôt que cette sœur était arrivée, elle se mettait à faire un étrange petit bruit qui ressemblait à celui qu'on ferait en frottant deux coquillages l'un contre l'autre. Il n'y avait que moi qui m'en apercevais, car j'ai l'oreille extrêmement fine. (...) Vous dire combien ce petit bruit me fatiguait, c'est chose impossible : j'avais grande envie de tourner la tête et de regarder la coupable qui, bien sûr, ne s'apercevait pas de son tic, c'était l'unique moyen de l'éclairer ; mais au fond du cœur je sentais qu'il valait mieux souffrir cela pour l'amour du Bon Dieu et pour ne pas faire de peine à

la sœur. Je restais donc tranquille, j'essayais de m'unir au Bon Dieu, d'oublier le petit bruit, tout était inutile, je sentais la sueur qui m'inondait et j'étais obligée de faire simplement une oraison de souffrance, mais tout en souffrant, je cherchais le moyen de le faire non pas avec agacement, mais avec joie et paix, au moins dans l'intime de l'âme. Alors je tâchais d'aimer le petit bruit si désagréable ; AU LIEU D'ESSAYER DE NE PAS L'ENTENDRE (CHOSE IMPOSSIBLE) JE METTAIS MON ATTENTION À LE BIEN ÉCOUTER, comme s'il eût été un ravissant concert et toute mon oraison (...) se passait à offrir ce concert à Jésus.

Une autre fois, j'étais au lavage devant une sœur qui me lançait de l'eau sale à la figure à chaque fois qu'elle soulevait les mouchoirs sur son banc ; mon premier mouvement fut de me reculer en m'essuyant la figure, afin de montrer à la sœur qui m'aspergeait qu'elle me rendrait service en se tenant tranquille, mais aussitôt je pensai que j'étais bien sotte de refuser des trésors qui m'étaient donnés si généreusement et je me gardai bien de faire paraître mon combat. Je fis tous mes efforts pour désirer de recevoir beaucoup d'eau sale, de sorte qu'à la fin j'avais vraiment pris goût à ce nouveau genre d'aspersion.

La joie inaltérable que manifestent les saints est la consécration d'une pratique assidue et constante dans tous les détails de leur existence. Épictète cite le cas de Socrate :

> Socrate répondait à celui qui lui rappelait de se préparer à son procès : « Ne crois-tu pas que par ma vie entière je m'y suis préparé ? » (27)

Sa mort est à l'image de sa vie : il boit la ciguë en présence de ses disciples sans que sa sérénité en soit un seul instant ébranlée.
Voici le récit des derniers moments de saint François d'Assise tels que les retrace Omer Englebert, un de ses biographes :

> Les ravages du mal s'étendaient maintenant à tout l'organisme ; à l'hydropisie avait succédé une maigreur

extrême, et les médecins s'étonnaient que ce squelette fût encore vivant. Le malade souffrait atrocement. Un frère lui demanda s'il ne préférerait pas mourir de la main du bourreau plutôt que d'être en proie à de pareils tourments : « Ce que je préfère, répondit-il, c'est ce que Dieu m'envoie ; mais j'avoue que le martyre le plus cruel serait moins intolérable que trois jours de semblables douleurs. (...) Malgré ce que j'endure, je me sens si près de Dieu que je ne puis me tenir de chanter. » (28)

Références du chapitre
VOIES RELIGIEUSES

1) *Paris-Match*, n° 1349, du 5 avril 1975.
2) Maître Eckhart, *Traités*. Seuil, p. 45, 43-44, 41-42. Traduction de Jeanne Ancelet-Hustache.
3) Eva de Vitray-Meyerovitch, *Anthologie du soufisme*. Sindbad/Islam.
   — Hadîth qudsî : page 149.
   — Abdallah al-Ansârî al-Harawî : page 93.
4) Simone Weil, *Cahiers*. Plon. Tome II : pages 193, 277, 249, 8, 234, 240 ; tome I : page 99.
5) J.-P. de Caussade, *L'Abandon à la Providence divine*. Desclée de Brouwer. Collection Christus, p. 101, 96, 72, 51, 89, 118, 119, 43, 90, 95, 96, 97, 98, 101, 102, 106, 107, 108, 113, 115, 121.
5 bis) J.-P. de Caussade, *Lettres spirituelles*, t. II. Desclée de Brouwer, page 57.
6) J. Ancelet-Hustache, *Car ils seront consolés*. Seuil, « Livre de vie ».
   — Romano Guardini : p. 45-46.
   — Maurice Blondel : p. 52.
7) Maître Eckhart, *Sermons (1-30)*. Seuil, p. 63-64, 212, 66, 124, 228, 240, 93, 239, 72, 83, 84, 112, 123, 117, 152, 212-213, 238-239. Traduction de J. Ancelet-Hustache.
8) *Petite philocalie de la prière du cœur*. Seuil, « Livre de Vie », p. 39-40.
9) Sainte Thérèse de l'Enfant-Jésus, *Derniers Entretiens*. Desclée de Brouwer et Cerf, p. 221, 263, 262.
10) Emmanuel Renault, *Sainte Thérèse d'Avila et l'expérience mystique*. Seuil, « Maîtres spirituels », p. 25, 102, 114.
11) Pasteur Marc Bœgner, *Le Chrétien et la Souffrance*. Berger-Levrault, 1955, p. 59-60, 118-119.
12) Farid-ud-Din' Attar, *Mémorial des saints*. Seuil, « Points Sagesses », page 199. Traduit d'après le ouïgour par A. Pavet de Courteille.

13) Maître Eckhart, cité par Raymond Abellio, dans un article sur René Guénon paru dans *Planète* (numéro consacré à René Guénon, avril 1970). *Œuvres de Maître Eckhart*, Gallimard 1942, traduction de Paul Petit, chapitre « Du Fils ».
14) Saint Jean Climaque, *L'Échelle sainte*. Spiritualité orientale, n° 24. Éditions monastiques, Abbaye de Bellefontaine, p. 74, 57, 56, 62, 79.
15) *Œuvres Spirituelles de saint Jean de la Croix*. Seuil, p. 1191, 1187, 1198, 1202, 1214. Traduction de R. P. Grégoire de Saint Joseph.
16) Hadewijch (mystique flamande du XIIIe siècle), *Lettres spirituelles*. Éditions Ad Solem, p. 155, 168.
17) Sainte Thérèse de l'Enfant Jésus, *Manuscrits autobiographiques*. Office central de Lisieux, « Livre de Vie », p. 254, 39, 250, 252, 209, 205, 219, 240, 185, 289-290.
18) Jean-François Six, *Vie de Charles de Foucauld*. Seuil, « Livre de Vie », p. 65, 71, 277, 285.
19) D. T. Suzuki, *Essais sur le bouddhisme zen* (deuxième série). Albin Michel.
    — Horatius Bonar : page 273.
20) Gustave Desbuquois, *L'Espérance*. Beauchesne, p. 100 à 109.
21) Gustave Desbuquois, *Le bon plaisir de Dieu*. Beauchesne, p. 54, 55, 31-32, 239.
22) Henri Pourrat, *Trésor des Contes*, t. IV. Gallimard. Conte du Docteur et du Gueux.
23) Swâmi Ramdas, *Carnet de Pèlerinage*. Albin Michel, « Spiritualités vivantes », p. 205, 346, 17. Traduction sous la direction de Jean Herbert.
24) Swâmi Ramdas, *Entretiens de Hadeyah*. Albin Michel, « Spiritualités Vivantes », p. 21, 166. Traduits par Natacha Agapieff et Charles Andrieu.
25) Matri Vani, *Une sélection des paroles de Sri Anandamayee Ma*, p. 47, 9. Panharmonie. 70, bd M. Barrès, Neuilly-sur-Seine.
26) Catherine Baker, *Les Contemplatives, des femmes entre elles*. Stock, p. 214, 212, 211, 163, 164, 172, 173, 174, 454.
27) Épictète, *Entretiens*. Les Belles Lettres, t. II, page 11. Traduction par Joseph Souilhé.
28) Omer Englebert, *Vie de saint François d'Assise*. Albin Michel, p. 383.
29) Par Un Chartreux, *Amour et Silence*. Seuil, « Livre de Vie », p. 63, 121-122, 108-109, 96, 123-124.
30) Silouane, *Spiritualité orientale*, n° 5. Éditions monastiques, Abbaye de Bellefontaine, p. 45-46.
31) Maurice Blondel, *Carnets intimes (1885-1894)*. Éditions du Cerf, p. 532, 17, 550.

Épictète et le stoïcisme

LE BONHEUR

On aurait tort de penser que le stoïcisme est une philosophie glacée, coupée de la vie. Il plonge au contraire ses racines dans le cœur humain puisqu'il traite de la préoccupation majeure de tout homme, à savoir le bonheur. La pluralité des comportements de l'homme ne doit pas faire perdre de vue que l'unique motivation sous-jacente à toutes ses actions est la recherche du bonheur, même si celle-ci s'accomplit souvent de façon dérivée et apparemment paradoxale (masochisme, par exemple). Notons au passage que cette éternelle nostalgie du bonheur à laquelle aucun être n'échappe est en elle-même un signe que le fond ultime de l'homme est béatitude. Ce que le mystique s'entend dire par Dieu trouve ici aussi son application : « Tu ne Me chercherais pas si tu ne M'avais déjà trouvé. » Ce qui est à remettre en cause, ce n'est pas la quête du bonheur — contre laquelle l'homme ne peut rien car elle lui est fondamentalement inhérente — mais bien plutôt la méthode qu'il emploie pour parvenir à ses fins.

Pour Épictète, « rien ne caractérise mieux le bonheur que de n'avoir ni interruption ni entraves (4) ». Seul vaut la peine d'être recherché un bonheur total qu'aucune circonstance extérieure, quelle qu'elle soit, ne peut troubler. Cette sérénité inébranlable, indépendante des événements, est à l'opposé de l'attitude habituelle — et aveugle — de l'homme qui essaie sans arrêt de détourner le cours des choses pour les faire jouer en sa faveur. Personne n'étant maître des événements, cette poursuite est vaine. Placer son bonheur dans ce qui est hors de notre volonté équivaut à le perdre sans cesse.

> Dépendent de nous : la personne et tous ses actes ; ne dépendent pas de nous : le corps, les parties du corps, ce que nous possédons, les parents, les frères, les enfants, la patrie, en un mot ceux avec qui nous vivons. En quoi devons-nous placer notre bien ? A quelle sorte de réalité appliquerons-nous ce nom ? A celle qui dépend de nous ?
> — Eh quoi ! N'est-ce pas un bien que la santé, l'intégrité du corps, la vie ? Non ? Et pas même les enfants, les parents ou la patrie ? Qui pourrait te croire ?
> — Transportons alors à ces derniers objets la dénomination de bien. Est-il donc possible d'être heureux, si on est injurié et si on est privé de biens ?
> — Ce n'est pas possible. (1)
>
> La richesse n'est pas en notre pouvoir, ni la santé, ni la réputation, ni quoi que ce soit, sauf la rectitude dans l'usage de nos représentations. Cela seul est affranchi de tout obstacle, de toute contrainte. (2)

Une seule chose nous appartient en propre : nous sommes libres de réviser la valeur que nous attribuons aux faits. Aucun événement, quel qu'il soit, n'est en mesure de nous faire le moindre tort. L'impact qu'il exerce sur nous provient d'une fausse appréciation de ce qu'il est. Avec une connaissance réelle de sa nature, il est possible de se libérer de l'attirance ou de la peur qu'il nous inspire.

> Ce qui trouble les hommes, ce ne sont pas les choses, mais les opinions qu'ils en ont.
>
> Devant toute imagination pénible, sois prêt à dire : « Tu n'es qu'une imagination et nullement ce que tu parais. »

> Quand tu vois quelqu'un qui pleure, (...) prends garde que ton imagination ne t'emporte et ne te séduise en te persuadant que cet homme est effectivement malheureux à cause de ces choses extérieures; mais fais en toi-même cette distinction que ce qui l'afflige, ce n'est point l'accident qui lui est arrivé, car un autre n'en est point ému, mais l'opinion qu'il en a. (5)

La seule façon d'éviter que les événements nous volent notre sérénité, c'est de les accepter tels qu'ils sont, de modeler notre volonté sur eux.

> Le bonheur compense tous les ennuis. Si donc le temps de ceux-ci est arrivé, pourquoi ne pas supprimer ton aversion à leur sujet? Quelle nécessité y a-t-il à porter ton fardeau comme un âne roué de coups? (4)
>
> Il ne faut avoir peur ni de la pauvreté, ni de l'exil, ni de la prison, ni de la mort. Mais il faut avoir peur de la peur.
>
> Il vaut mieux mourir de faim après avoir banni les soucis et les craintes que de vivre dans l'abondance avec inquiétude et avec chagrin.
>
> Si nous voulons être philosophes véritablement, réglons notre volonté sur les événements de telle sorte que nous soyons toujours contents et de ce qui arrive, et de ce qui n'arrive pas. (5)

Nous touchons là le thème essentiel autour duquel s'agence toute la philosophie stoïcienne : l'acceptation du monde tel qu'il est.

> Nous devons aller nous faire instruire, non pour changer les conditions des choses (car cela ne nous est pas permis et n'en vaudrait pas mieux), mais, les choses étant vis-à-vis de nous ce qu'elles sont et ce que les fait leur nature, pour pouvoir adapter nous-mêmes notre propre volonté aux événements. (1)

Ne demande point que les choses arrivent comme tu le désires, mais désire qu'elles arrivent comme elles arrivent, et tu prospéreras toujours. (5)

Cette acceptation n'est nullement théorique. Elle s'insère au contraire dans la réalité quotidienne. Épictète n'hésite pas à entrer dans le détail de la vie de tous les jours au fil de son discours.

> Il faudrait, par les dieux, s'exercer dans les petites choses, et, commençant par elles, passer ensuite à de plus grandes. « Je souffre de la tête. » Ne dis pas « Hélas ! » « Je souffre d'une oreille. » Ne dis pas « Hélas ! » Et je ne prétends pas qu'il soit interdit de gémir, mais ne gémis pas au-dedans de toi-même. Ne crie pas non plus si ton esclave tarde à t'apporter ton pansement, ne sois pas crispé, ne dis pas : « Tout le monde me déteste. » Mais qui ne haïrait un tel homme ? Désormais fais confiance à ces principes et, libre, va droit ton chemin. Ce n'est pas dans la force de ton corps que tu dois placer ta confiance : ce n'est pas comme un âne qu'il faut être invincible.
>
> Quel est donc l'homme invincible ? C'est celui que rien ne peut troubler, rien de ce qui est indépendant de sa personne. Et maintenant, parcourant une à une les différentes circonstances, je les examine, comme pour l'athlète : « Cet homme a remporté la première manche. Qu'en sera-t-il de la seconde ? Comment se comportera-t-il si la température est brûlante ? Et à Olympie, quelle sera son attitude ? » De même dans le cas présent : si tu lui offres un peu d'argent, il le méprisera. Mais si c'est une jolie fille ? Et si c'est dans l'obscurité ? Et si c'est de la gloriole ? Et si c'est une injure ? Et si c'est une louange ? Et si c'est la mort ? Il peut vaincre tout cela. Mais comment se comportera-t-il si la température est brûlante, je veux dire : s'il est ivre, s'il est d'une humeur noire, si c'est dans le sommeil ? Tel est, à mon sens, l'athlète invincible ! (1)

Le bonheur est lié au détachement intérieur, de telle sorte que les fluctuations de l'existence ne puissent plus nous affecter.

> Pourquoi donc nous irritons-nous ? Parce que nous attachons du prix aux choses qui nous sont enlevées. (...) Si tu t'en détaches et les comptes pour rien, contre qui pourrais-tu bien t'irriter ? (...) Nos pertes et nos peines ne concernent jamais que ce que nous possédons. (1)

De même, si notre sérénité découle de l'adhésion totale de notre volonté avec les choses telles qu'elles sont, les désirs qui nous poussent sans cesse à refaire le monde pour parvenir à leur assouvissement doivent être éliminés :

> Le bonheur et le désir ne peuvent se trouver ensemble. (5)
>
> Il n'y a rien de plus absurde ni de plus déraisonnable que de former des désirs téméraires et de vouloir que les choses arrivent comme nous les avons pensées. (5)
>
> Ce n'est pas par la satisfaction des désirs que s'acquiert la liberté mais par la destruction des désirs. (4)
>
> Tu espères que tu seras heureux dès que tu auras obtenu ce que tu désires. Tu te trompes. Tu ne seras pas plutôt en possession, que tu auras mêmes inquiétudes, mêmes chagrins, mêmes dégoûts, mêmes craintes, mêmes désirs. Le bonheur ne consiste pas à acquérir et à jouir, mais à ne pas désirer. Car il consiste à être libre. (5)

LA LIBERTÉ

Épictète en vient à définir la liberté qui diffère, selon lui, radicalement de l'idée que nous nous en faisons. Pour nous, la liberté

consiste à faire ce que nous voulons. Comme le déclare un des interlocuteurs (imaginaires) d'Épictète :
« Je veux que tout arrive selon mon idée, quelle que soit cette idée. » A quoi Épictète répond :

> — Tu es fou, tu déraisonnes. Ne sais-tu pas que la liberté est une belle chose, une chose précieuse ? Or, vouloir au petit bonheur que se produise ce qui au petit bonheur m'est venu à l'idée risque non seulement de n'être pas beau, mais d'être même tout ce qu'il y a de plus laid. Voyons, que faisons-nous s'il s'agit d'écrire ? Est-ce que je me propose d'écrire à ma volonté le nom de Dion ? Non, mais on m'apprend à vouloir l'écrire comme il doit l'être. Et quand il s'agit de musique ? De même. Qu'en est-il dans le domaine des arts ou des sciences ? De même. Sinon, il serait absolument inutile d'apprendre n'importe quoi, si chacun pouvait accommoder ses connaissances à sa volonté. Et ce serait uniquement dans le domaine le plus grave et le plus important, celui de la liberté, qu'il me serait permis de vouloir au petit bonheur ? NULLEMENT, MAIS S'INSTRUIRE CONSISTE PRÉCISÉMENT À APPRENDRE À VOULOIR CHAQUE CHOSE COMME ELLE ARRIVE. (1)

Pour Épictète, la liberté ne peut être qu'intérieure. Aucun événement ne peut l'entraver. Il en arrive à cette conclusion paradoxale qui est aux antipodes de notre façon habituelle de penser :

> La liberté consiste à vouloir que les choses arrivent, non comme il te plaît, mais comme elles arrivent. (5)

> Ni dans la crainte, ni dans le chagrin, ni dans le trouble, on n'est libre, mais quiconque s'est libéré des chagrins, des craintes et des troubles, celui-là, par la même voie, s'est libéré aussi de l'esclavage. (2)

Parlant de lui, il dira :

> Je n'ai jamais été entravé dans l'exercice de ma volonté, ni contraint contre ma volonté. Et comment

serait-ce possible ? J'ai soumis à Dieu la propension de ma volonté. Veut-il que j'aie la fièvre ? Je le veux, moi aussi. Veut-il que mes propensions se portent vers tel objet ? Moi aussi, je le veux. Veut-il que j'aie tel désir ? Moi aussi, je le veux. Veut-il que j'obtienne telle chose ? Moi aussi, je le désire. Il ne le veut pas ? Je ne le désire pas. Alors, c'est ma volonté de mourir, c'est ma volonté d'être torturé. Qui peut encore me faire obstacle et contrarier mon propre sentiment, ou me contraindre ? Aussi impossible que de contraindre Zeus. (4)

LE DÉFI DES OBSTACLES

L'acceptation, contrairement à ce que suggère ce terme au premier abord, est, nous l'avons vu*, une attitude profondément active. Il faut en effet se battre avec soi-même pour parvenir à accepter le monde, pour faire taire en nous la voix qui le refuse. Le stoïcisme, dont toute la philosophie repose sur ce thème central, est d'ailleurs devenu, dans nos esprits, synonyme d'héroïsme et non de passivité. *Pour Épictète, ce que nous considérons comme des épreuves, des obstacles, est un défi permanent qui nous est lancé pour nous mesurer à la vie et exercer nos ressources cachées.* La souffrance devient alors possibilité de croissance intérieure pour celui qui sait l'utiliser.

— Mais il arrive des choses désagréables et pénibles dans la vie.
— Et à Olympie, il n'en arrive pas ? Est-ce que vous ne cuisez pas ? N'êtes-vous pas à l'étroit ? Ne prenez-vous pas les bains dans des conditions incommodes ? N'êtes-vous pas trempés quand il pleut ? N'avez-vous pas l'agrément du tumulte, du bruit et des autres importunités ? Toutes ces importunités, je suppose, moi, que mises en

---
* Voir pages 107 à 109.

regard de la valeur du spectacle, vous les acceptez et les supportez. Voyons, n'avez-vous pas reçu des facultés pour supporter tout ce qui arrive ? N'avez-vous pas reçu la magnanimité ? N'avez-vous pas reçu le courage ? N'avez-vous pas reçu l'endurance ? Et que peut m'importer à moi, si je suis magnanime, tout ce qui peut survenir ? Qu'est-ce qui me fera sortir de mes gonds, ou me troublera, ou qu'est-ce qui me paraîtra douloureux ? N'emploierai-je pas ma faculté à la fin pour laquelle je l'ai reçue et vais-je gémir et me lamenter pour les événements qui se produisent ?

(...) Que penses-tu qu'il fût advenu d'Héraclès sans le lion et l'hydre, sans le cerf et le sanglier et sans un certain nombre d'hommes perfides et brutaux qu'il chassait et dont il purgeait la terre ? Et qu'aurait-il fait sans de pareils événements ? N'est-il pas évident qu'il se serait bien enroulé dans ses couvertures et aurait dormi ? Et d'abord il n'eût pas été Héraclès, à somnoler pendant sa vie entière dans une telle mollesse et dans la tranquillité. Et même s'il l'eût été, à quoi eût-il été bon ? Quel usage aurait-il fait de ses bras, ces fameux bras, et en un mot, de sa vigueur, de sa constance, de son ardeur généreuse, s'il n'y avait eu semblables circonstances et semblables occasions pour le secouer et l'exercer ?

— Mais quoi ! Devait-il donc se préparer ces occasions et chercher le moyen d'introduire dans son pays un lion, un sanglier et une hydre ?

— Sottise que cela et folie ! Mais puisqu'ils existaient et qu'ils étaient tout trouvés, ils étaient d'utiles instruments pour révéler et exercer Héraclès. (...) (1)

Considère les facultés que tu possèdes, et cela fait, dis : « Maintenant, Zeus, place-moi dans les circonstances qui te plairont. Pour moi, j'ai l'équipement que tu m'as fourni et les ressources nécessaires pour me distinguer moi-même par le moyen des événements. » Au lieu de cela, vous restez assis là redoutant que telles choses n'arrivent, vous lamentant de ce que telles autres soient arrivées, pleurant et gémissant ; puis vous incriminez les dieux. Que peut-il, en effet, résulter d'une pareille lâcheté sinon l'impiété même ? Et pourtant, Dieu ne nous a pas seulement donné des facultés qui nous permettent de supporter tous les événements sans être humiliés et brisés par eux, mais, ce qui était d'un bon roi et d'un véritable père, il nous les a données libres, sans contrainte et sans entrave, il les a mises sous notre entière dépendance, ne se réservant pour lui-même aucun pouvoir susceptible de les contraindre ou de les gêner. Et maîtres de ces facultés libres et vôtres, vous ne vous en servez pas, vous ne sentez pas quels biens vous avez reçus et de qui, mais vous restez assis là à pleurer et à gémir, les uns complètement aveuglés sur le compte du donateur lui-même et ignorant leur bienfaiteur ; les autres, se laissant entraîner par lâcheté à des plaintes et à des reproches envers Dieu ! Et cependant, pour la magnanimité et le courage, je puis te montrer que tu as des ressources et que tu es équipé, tandis que pour justifier tes blâmes et tes reproches, quelles ressources as-tu, montre-le-moi. (1)

Ce sont les difficultés qui révèlent les hommes. Aussi, quand survient une difficulté, souviens-toi que Dieu, comme un maître de gymnase, t'a mis aux prises avec un jeune et rude partenaire (1).

Philosopher, qu'est-ce ? N'est-ce pas s'être préparé à tous les événements ? (...) Que doit donc dire le philosophe en face de chacune des aspérités de la vie. « C'est pour cela que je me suis exercé ; c'est à cela que je me suis préparé. » (...) Voici le moment de supporter la fièvre, que cela se fasse décemment ; de subir la soif, subis-la décemment ; de subir la faim, subis-la décemment. N'est-ce pas en ton pouvoir ? Qui t'en empêchera ? (3)

Tu as la fièvre et tu te plains, dis-tu, parce que tu ne peux étudier. EH ! POURQUOI DONC ÉTUDIES-TU ? N'EST-CE PAS POUR DEVENIR PATIENT, CONSTANT, FERME ? SOIS-LE DANS LA FIÈVRE, ET TU SAIS TOUT. La fièvre est une partie de la vie, comme la promenade, les voyages, et elle est même plus utile parce qu'elle éprouve le sage, et qu'elle lui montre le progrès qu'il a fait.

> Tu as la fièvre. Mais si tu l'as comme il faut, tu as tout ce que tu peux avoir de mieux dans la fièvre.
> ... Sois donc tranquille, dans la fièvre comme dans la santé. (5)

La définition du stoïcien selon Épictète ne diffère en rien de celle du sage que l'on retrouve dans toutes les traditions, comme en témoigne ce passage :

> Qu'est-ce donc qu'un stoïcien ? (...) Montrez-moi un homme malade et heureux, en danger et heureux, mourant et heureux, exilé et heureux, discrédité et heureux. Montrez-le. J'ai le désir, par les dieux, de contempler un stoïcien. Mais vous ne pouvez me montrer l'homme ainsi modelé. Montrez-moi, du moins, celui qui se modèle, celui qui s'est orienté dans cette direction.
> (...) C'est une âme que l'un de vous doit me montrer, une âme d'homme, qui veuille faire avec Dieu une seule volonté et ne plus récriminer contre Dieu ou contre un homme, ne plus faillir dans ses entreprises, ne plus se heurter à des obstacles, ne plus s'irriter, ne plus céder à l'envie ou à la jalousie (pourquoi donc user de circonlocutions ?), devenir un dieu au lieu d'un homme et, dans ce misérable corps mortel, aspirer à la société de Zeus. (2)

LA PROVIDENCE

Cette attitude d'acceptation totale trouve son prolongement, pour la philosophie stoïcienne, dans une conception métaphysique du monde. Pour Épictète, la Providence n'agit que pour le bien, même si celui-ci n'est pas immédiatement perceptible parce qu'il dépasse l'idée que l'homme s'en fait *. Pour l'homme, le bien est toujours en rapport avec ses intérêts personnels, il l'assi-

---

* Voir page 101.

mile à la disparition de la souffrance, à une quiétude qu'aucun événement contraire ne viendrait entamer. Le bien serait alors de changer entièrement le monde pour qu'il corresponde à ses besoins et désirs. Dans la plupart des traditions religieuses, la souffrance, les obstacles, par les questions qu'ils suscitent, sont autant de signes qui invitent à la prise de conscience d'une réalité divine située au-delà. Pour le stoïcisme, la Providence œuvre toujours en fonction du bien total de l'univers. Toutes les parties de l'univers doivent donc coopérer à cet ordre cosmique et l'homme, en tant que partie du tout, doit soumettre ses intérêts particuliers à l'intérêt général, ce qui aboutit pour lui-même au dépassement que prônent les voies religieuses.

> Tu es ici-bas pour leur obéir (aux dieux), pour prendre en bonne part tout ce qui t'arrive et pour y acquiescer volontairement et de tout ton cœur, comme à des choses qui viennent d'une providence très bonne et très sage. (5)
>
> Je désire toujours ce qui arrive, car je regarde ce que Dieu veut comme meilleur que ce que je veux. Je m'attacherai à Lui comme un serviteur, comme son suivant ; mes propensions sont les siennes, mes désirs, les siens ; en un mot, sa volonté est la mienne. (4)

Épictète cite cette phrase de Chrysippe : « Si je savais vraiment que la maladie a été décrétée pour moi maintenant par le destin, c'est même avec ferveur que je l'accepterais ». (2)
Un témoignage récent montre que l'acceptation peut être spontanément redécouverte en tant qu'attitude évidente face à Dieu :

> J'ai vu un ouvrier qui n'avait pas pratiqué depuis quarante ans, c'est-à-dire depuis sa première communion — mais il avait continué à prier chaque jour. Sa prière était simple. Il disait : « Mon Dieu, que votre volonté soit faite. » Étant tombé malade, il me dit : « Je n'ai pas demandé à Dieu de me guérir, il sait mieux que moi ce qu'il me faut. » (6)

Cette notion de Providence divine qui fait partie intégrante du stoïcisme — et que l'on retrouve au cœur des religions — n'est pas indispensable pour étayer la philosophie stoïcienne. Même sans l'idée d'une Providence, le raisonnement d'Épictète n'est pas remis en cause en ce qui concerne l'acceptation des événements qui jalonnent notre vie à chaque instant. Nul n'étant à l'abri des deuils, de la pauvreté et de la maladie qui sont le lot habituel de l'homme, un bonheur permanent implique une impassibilité à l'égard des événements. Que l'on croie ou non à une action divine sur le monde, l'acceptation de ce qui est demeure une attitude logique et cohérente.

MARC AURÈLE

Les œuvres des dieux sont pleines de providence. Les événements fortuits ne sont pas en dehors de la nature, c'est-à-dire de cet ordre dont la Providence règle l'enchaînement et le concert. C'est de la Providence que découlent toutes choses. A ce principe se rattachent et la nécessité et ce qui est utile à l'harmonie de l'univers dont tu es une partie. Le bien pour chaque partie de la nature, c'est ce qui est conforme au plan de tout l'ensemble, et ce qui tend à la conservation de ce plan.

C'est pour un bien que la nature est forcée d'agir comme elle fait.

Tout ce qui arrive, arrive justement.

Quel est donc l'objet sur lequel il faut porter tous nos soins ? (...) Se résigner* à tout ce qui nous arrive, comme à chose nécessaire, qui nous est familière, et qui découle du même principe, de la même source que nous.

Abandonne-toi sans résistance à la Parque, et laisse-la filer ta vie avec les événements qu'il lui plaira.

Accommode-toi aux événements que le sort te destine.

---

* Voir note p. 109.

Aime uniquement ce qui t'arrive, le sort que t'a fait la destinée. Qu'y a-t-il en effet de plus convenable ?

Tu peux te débarrasser de bien des choses qui te jettent dans le trouble, et qui n'ont d'autre réalité que l'opinion que tu t'en formes.

Figure-toi qu'un homme qui s'afflige ou se fâche de quoi que ce soit est semblable à un porc qui, pendant qu'on l'immole en sacrifice, regimbe et grogne. Il en est de même de celui qui, seul étendu dans son lit, déplore en secret le destin qui nous enchaîne. Songe qu'il n'a été donné qu'à l'animal raisonnable d'obéir librement à ce qui arrive : ne faire simplement qu'obéir est une nécessité que tous subissent.

C'est (...) le devoir d'une saine raison d'être préparée à tout ce qui peut arriver.

CE NE SONT PAS LES OBJETS QUI VIENNENT À TOI, QUAND TU ES TROUBLÉ PAR LE DÉSIR OU LA CRAINTE ; C'EST TOI EN QUELQUE SORTE QUI T'AVANCES VERS EUX : mets donc en paix ton esprit à leur sujet, et les objets resteront en repos eux-mêmes, et l'on ne te verra plus ni les désirer ni les craindre.

Il faut contempler les formes dépouillées de leurs écorces ; savoir les motifs des actions ; ce que c'est que la douleur, la volupté, la mort, la gloire ; comment c'est soi-même qu'on s'ôte son repos ; que ce n'est jamais dans un autre que l'on trouve son obstacle ; que tout n'est qu'opinion.

L'homme a un bien grand pouvoir, celui de ne rien faire autre chose que ce que Dieu doit approuver, et de recevoir avec résignation tout ce que Dieu lui départ.

Il faut être bien ridicule et bien neuf pour s'étonner de ce qui arrive dans la vie.

TOUT EST OPINION, ET L'OPINION DÉPEND DE TOI. FAIS DISPARAÎTRE, QUAND IL TE PLAÎT, L'OPINION ; ET, COMME SI TU VENAIS DE DOUBLER UN PROMONTOIRE, TU TROUVERAS UNE MER TRANQUILLE, LA SÉRÉNITÉ PARTOUT, UN PORT SANS TEMPÊTE.

Rejette l'opinion, tu seras sauvé. Qui donc t'empêche de la rejeter ?

Si quelque chose te fâche, c'est que tu as oublié que tout arrive suivant la loi de l'univers (...) et encore que tout ce qui se fait aujourd'hui s'est toujours fait ainsi, et se fera toujours, se fait partout ainsi. (7)

SI QUELQUE OBJET DU DEHORS TE CHAGRINE, CE N'EST PAS LUI QUI CAUSE TON CHAGRIN, C'EST LE JUGEMENT QUE TU EN PORTES, ET IL NE TIENT QU'À TOI DE L'EFFACER SUR-LE-CHAMP DE TON ÂME.

Je peux affranchir ma vie de toute souffrance, et la passer dans la plus grande satisfaction de cœur, quand même les hommes viendraient, à grands cris, me charger de tous les outrages dont ils pourraient s'aviser, quand même les bêtes féroces viendraient mettre en pièces les membres de cette masse de boue qui m'enveloppe. Car, dans tous les cas, qu'est-ce qui empêche mon entendement de se maintenir dans un état paisible, de juger au vrai de ce qui se passe autour de lui, et de tourner promptement à son usage ce qui se représente ? Mon jugement ne peut-il pas dire à l'accident : Tu n'es au fond que cela, quoique l'opinion te fasse paraître autre chose ? Mon âme exercée ne peut-elle pas dire à l'accident : Je te cherchais, car dans tout ce qui se passe, je trouve, comme être raisonnable et sociable, occasion de pratiquer la vertu, d'exercer cet art qui convient à l'homme et à la divinité ? En effet, tout ce qui arrive est propre à me rapprocher, ou de Dieu, ou de l'homme. (8)

Références du chapitre
ÉPICTÈTE ET LE STOÏCISME

1) ÉPICTÈTE, *Entretiens*. Les Belles Lettres. Traduction de Joseph Soulhié. Tome I, p. 81-82, 52, 70-71, 51, 69-70, 27-28-29, 86.
2) Tome II, p. 84, 7-8, 83, 24.
3) Tome III, page 39.
4) Tome IV, p. 38, 43, 32, 17, 18, 63.
5) ÉPICTÈTE, *Maximes et pensées*. Éditions André Silvaire, p. 13, 10, 23, 103, 19, 101, 81, 126, 129, 41, 118, 119.
6) Alfred ANCEL, *Témoignages et réflexions*. Éditions du Centurion.
7) Pensées de l'empereur Marc-Aurèle Antonin. Charpentier, 1843, p. 15, 16, 42, 51, 93, 118, 161, 180-181, 185, 193, 210-211, 213-214, 215-216. Traduction d'Alexis Pierron.
8) Georges PASCAL, *Les grands textes de la philosophie*. Bordas, page 62.

L'instant présent

ACCEPTATION ET INSTANT PRÉSENT

L'esprit de l'homme occidental moderne atteint un très grand degré de complexité. Son monde intérieur est encombré de connaissances diverses, le plus souvent mal intégrées et sans utilité pour lui. Les innombrables concepts qui peuplent son esprit sont devenus un véritable fardeau qui l'éloigne de plus en plus de la réalité telle qu'elle est.

Cet état de fait constitue une difficulté supplémentaire pour celui qui aborde une voie spirituelle. Selon la tradition, un homme ne peut recevoir un enseignement que dans la mesure où il vide son esprit des préjugés de toute sorte qui font obstruction à la véritable connaissance. Celle-ci est en effet toujours simple et une.

Celui qui entreprend de se transformer peut se trouver particulièrement perplexe devant l'immensité de la tâche. Sa vie lui apparaît parfois inextricablement confuse et embrouillée et il ne sait plus très bien comment opérer un retour au réel.

C'est ici qu'il faut faire intervenir une notion dont nous n'avons pas encore parlé mais qui éclaire tous les autres thèmes évoqués dans cette anthologie. Il n'y a pas à hésiter en se demandant ce qu'est le réel ou ce qu'il convient d'accepter dans nos vies. Le réel, c'est notre vie quotidienne mais encore plus précisément, c'est l'instant présent, immédiat. *Le réel et l'instant présent sont absolument concomitants.* Pourquoi ? Parce que le passé et le futur n'existent pas ailleurs que dans nos têtes. L'homme ne connaît en fait jamais rien d'autre que l'instant présent. Tout le reste n'est que souvenirs ou projections.

 Chaque homme ne vit que le moment présent, et ne perd que cet unique instant. (1)
Marc Aurèle

 La vérité est la compréhension de ce qui *est* d'instant en instant sans le fardeau ou le résidu du moment précédent. (2)
Krishnamurti

 L'immédiateté est l'unique moyen de voir directement. D'abord parce que c'est entre le passé et l'avenir : maintenant. Ensuite, et graduellement on découvre que l'immédiateté, le pur instant ne dépend pas du tout de la relativité. On découvre que le passé n'existe pas, que l'avenir n'existe pas et que tout arrive maintenant.
 Les choses visibles sont la réalité. Il n'y a rien au-delà de l'instant actuel, il n'existe rien par-delà l'immédiateté, donc ce que nous voyons est la réalité. (3)
Chögyam Trungpa

 La réalité est ici et maintenant. Elle n'est ni au passé ni au futur, elle est toujours au présent. Maintenant est le seul moment, l'unique réalité. Maintenant ne passe jamais. Maintenant est éternel. Toujours là, mais nous, nous ne sommes pas là. Être un chercheur spirituel, c'est être là.
 La recherche spirituelle c'est déraciner l'illusion du futur pour rester dans le présent, être au présent, prêt à affronter tout ce qui peut se présenter ici et maintenant. (4)
Rajneesh

L'homme ne peut plus rien sur le passé qui est révolu, il ne peut rien sur le futur qui n'existe pas encore. Il n'a d'action que sur l'instant présent. Sa seule possibilité de préparer le futur, c'est de bien vivre l'instant présent.

> Ne te trouble point de l'avenir : tu l'aborderas, s'il le faut, armé de la même raison dont tu te sers dans les choses présentes. (1)
>
> MARC AURÈLE

Vivre le présent équivaut à déposer le fardeau de nos existences. En effet, tous nos problèmes viennent de ce que nous envisageons notre vie dans une durée : nous voulons dans un même instant, par la pensée, porter le poids de ce qui nous est arrivé dans le passé, le poids de ce qui va peut-être nous advenir, le poids d'imaginations de toute sorte qui nous traversent l'esprit sans nous laisser de répit. Si l'on s'en tient à l'instant que l'on vit, quel qu'il soit, on s'aperçoit qu'il est dégagé de tout problème, qu'il est unique, léger, sans souci.

> Si tu t'appliques à vivre uniquement ce que tu vis, c'est-à-dire le présent, alors tu seras en mesure de passer ce qui te reste d'existence jusqu'à la mort, exempt de trouble, noblement.
>
> Tu peux dès maintenant posséder tous ces biens que tu cherches à atteindre par la voie détournée; (...) Tu n'as qu'à laisser là tout le passé, à remettre l'avenir aux soins de la Providence, et à diriger le présent tout seul vers la sainteté et la justice. (1)
>
> MARC AURÈLE

Ne reviens pas aux choses du passé
Et pour l'avenir, ne nourris pas d'espérances chères :

Le passé, tu l'as laissé derrière toi,
Quant à l'avenir, il n'est pas encore venu.
Mais celui qui, avec une vision claire peut voir

Le présent qui est ici et maintenant,
Un tel sage doit aspirer à gagner
Ce qui jamais ne peut être ni perdu ni ébranlé. (5)

Canon pali

Quand j'ai une grosse difficulté, je n'y pense qu'au moment voulu ; puis je l'oublie. A quoi sert-il de ruminer ? Cela n'avance à rien, diminue les forces et use le potentiel nerveux. Je me suis fait une loi de ne penser aux choses que dans la mesure où cela est nécessaire. (...) Vivez le moment présent, dans la paix, la patience, la confiance en Dieu ; attendez le devoir que vous marque chaque heure, et ne renoncez pas d'avance à celui de demain, d'après-demain ou des mois qui suivront. (6)

GUSTAVE DESBUQUOIS

Je devrais être tout au moment présent qui donne l'éternité aux amants du vouloir divin.

Jamais on ne vit, parce qu'on ne veut pas être dans le présent. Il faut agir autrement. (...) Je n'ai pas achevé cette conversion si simple du futur à l'actuel : prendre ce qui vient comme c'est, quel secret et quel mystère de fécondité et de bonheur !

Dans la vie spirituelle, il faut toujours agir à nouveau : oui, c'est à présent que je commence. Vous nous délivrez, mon Dieu, des chaînes du passé ; par vous, nous sommes libres.

Toujours ambitieux de l'avenir, toujours oublieux du présent que nous regrettons, que nous calomnions, que nous voudrions fixer, alors que nous n'en usons même pas ou que nous en gémissons... (7)

MAURICE BLONDEL

Il faut se borner au moment présent sans penser à celui qui l'a précédé ni à celui qui doit le suivre.

Dans l'abandon*, l'unique règle est le moment présent.
(8)

Jean-Pierre de Caussade

Emmanuel Renault, dans sa biographie de Thérèse d'Avila, rapporte l'anecdote suivante qui témoigne de l'absence d'inquiétude de la sainte dont l'unique souci est l'instant présent :

> A la fondation de Salamanque, la religieuse qui l'accompagnait, entendant sonner le glas au milieu de la nuit (c'était un 2 novembre), apeurée, lui dit : *Ma mère, si je mourais ici subitement, que feriez-vous toute seule ?* Elle répondit : *Ma sœur, si cela devait être, j'aviserais. Pour le moment, laissez-moi dormir.* (9)

La souffrance met particulièrement en relief la nécessité de vivre l'instant présent. Elle nous pèse parce que nous l'insérons généralement dans le temps, nous la « pensons », nous lui donnons nous-mêmes un impact insupportable. La souffrance pure, instantanée, sans imagination d'aucune sorte, est toujours supportable.

> Le bon Dieu ne me fait pas pressentir une mort prochaine mais des souffrances beaucoup plus grandes. Mais je ne me tourmente pas, je ne veux penser qu'au moment présent.
>
> Ce n'est pas comme les personnes qui souffrent du passé, de l'avenir. Moi je ne souffre qu'au moment présent. Ainsi ce n'est pas grand-chose. (10)

Thérèse de Lisieux

La souffrance n'est rien, hors du rapport entre le passé et l'avenir (11)

Simone Weil

---

* L'abandon à Dieu.

En fait, notre angoisse disparaîtrait si nous comprenions la nature du moment même où nous la ressentons, de l'instant fugitif et toujours présent, pointe d'épingle sur laquelle nous pourrions assurer notre équilibre. Mais au lieu de nous maintenir dans cette compréhension intuitive de l'instant, nous nous leurrons de l'espoir que demain nous apportera ce qui nous manque aujourd'hui. L'attente d'une satisfaction future est la plus tenace de nos compensations présentes, et nous sommes incapables de prendre un recul salutaire, et de nous rendre compte que nous sommes pris au piège. Les atavismes biologiques et psychologiques ont tellement fortifié en nous le besoin d' « éprouver », de connaître différentes sortes et différents degrés d'expériences, que nous ne pouvons nous défendre de penser au lendemain.

Si, au contraire, l'homme sait comprendre la nature de sa souffrance et de son angoisse, son esprit cessera de s'attacher à des réalités éphémères ; il se tournera vers la réalité qui n'a ni commencement ni fin. Cette compréhension permet d'interpréter correctement une souffrance présente, en supprimant toute imagination, toute divagation mentale ; elle s'appuie sur une intuition de la réalité intemporelle, se réfléchit sur la structure mentale et s'exprime comme discipline — discipline de vivre le moment présent. Telle est la véritable acceptation. (12)

Swâmi Siddheswarânanda

L'instant présent est toujours riche si on le vit sans distraction. Le passage suivant, extrait du livre de Catherine Baker sur les Contemplatives (voir p. 137), montre la plénitude que recèle le présent pour celui qui est tout à lui :

> Je reverrai longtemps cette sœur de 60 ans, très belle, que j'avais fait attendre vingt minutes au parloir, m'étant trompée dans l'heure du rendez-vous. Honteuse et sachant qu'elle avait ce jour-là beaucoup de travail, je la prie en arrivant de m'excuser ; elle me répond avec la

plus douce bienveillance : « *Je n'attends jamais : être contemplative, c'est être présente à ce qui est.* » (13)

Une Contemplative

Le moment présent est toujours plein de trésors infinis.

Une âme ne peut être véritablement nourrie, fortifiée, enrichie, sanctifiée que par cette plénitude du moment présent. (8)

J.-P. de Caussade

Dans cet instant précis, ici et maintenant, il y a tout ; tout ce qui doit être connu et réalisé, *moksha**. Dieu, la réalité, tout est dans cet instant. Aussi la recherche spirituelle n'est pas la recherche de quelque chose. Elle n'a pas d'objet. Elle consiste à connaître ce qui est, et, cette connaissance vient quand on est dans l'instant.

Être dans l'instant, c'est la porte secrète ; être dans le présent, c'est le secret ouvert à tous. (4)

Rajneesh

Toute la question est de savoir quelle est la situation et d'ouvrir les yeux au moment même de son actualité présente ; cela n'a rien d'une expérience mystique plus spécialement, et ce n'est pas mystérieux du tout ; c'est tout simplement et justement une perception directe, ouverte et claire de *ce qui est maintenant*. Et lorsque quelqu'un est capable de voir exactement ce qui *est maintenant* sans être influencé par le passé ou quelque attente de l'avenir, mais bien de voir et de ne voir rien d'autre que l'instant juste du moment actuel, alors il n'y a plus, à ce moment, du tout de barrières. Car c'est uniquement par association avec le passé ou avec une attente de l'avenir qu'une barrière peut se lever. Donc le moment présent n'a aucune barrière, l'instant actuel n'a pas de limite du tout. (3)

Chögyam Trungpa

---

* *Moksha* : terme sanscrit qui désigne la libération pour les Hindous.

LA VIGILANCE ET L'INSTANT PRÉSENT

Pour vivre l'instant présent, il est nécessaire de porter sur lui la lumière de l'attention. On sait l'importance que revêtent les termes d'éveil, d'attention, de vigilance dans toute voie spirituelle. La vigilance peut se définir comme le fait d'être conscient de ce qui se passe, d'être « présent ». Elle doit s'étendre à tous les domaines de l'existence sans exception.

> Pourquoi ne pas garder une attention soutenue ? « Aujourd'hui, je veux jouer. » Eh bien, qu'est-ce qui t'empêche de le faire avec attention ? « Je veux chanter. » Qu'est-ce qui t'empêche de le faire avec attention ? Y a-t-il donc une portion de la vie à laquelle notre attention ne doive s'étendre ? Agiras-tu donc plus mal en faisant telle chose avec attention et mieux en la faisant sans attention ? Et parmi les actes de notre vie en général, en est-il un qui soit mieux fait par ceux qui sont inattentifs ? (14)
>
> ÉPICTÈTE

> Les adeptes du Zen étudient avec leur maître pendant dix ans au moins avant de pouvoir enseigner à leur tour.
> Nan-in reçut la visite de Tenno. Celui-ci, ayant fini son apprentissage, était maintenant professeur.
> Comme il pleuvait ce jour-là, Tenno portait des sabots en bois et s'était muni d'un parapluie.
> Après avoir salué le visiteur, Nan-in fit observer : « Je suppose que tu as laissé tes sabots dans le vestibule. Je voudrais savoir si ton parapluie se trouve à droite ou à gauche de tes sabots. »
> Tenno, confus, ne sut que répondre. Il se rendit compte qu'il était incapable de vivre selon le Zen à chaque instant.
> Il se fit l'élève de Nan-in et étudia six ans de plus. (15)

Il n'y a d'ailleurs pas de préhension du réel sans vigilance, celle-ci nous permet précisément de prendre conscience de nos mécanismes intérieurs de refus et de revenir au réel. D'ordinaire, ceux-ci se déroulent dans l'ombre ; nos habitudes, le poids du passé, perpétuent à notre insu un conflit avec l'instant tel qu'il est. Nous ne sommes alors même pas conscients de notre coupure avec le réel.

L'ACCEPTATION N'EST PAS AUTRE CHOSE QU'UNE QUALITÉ DE L'ATTENTION.

SIMONE WEIL

La vigilance de l'homme en chemin et celle de celui qui est parvenu au terme de sa quête ne peut pas être la même. La vigilance de l'être réalisé, entièrement spontanée, est simple vision de ce qui est, la vigilance du débutant est aussi vision de ce qui est, mais celle-ci englobe nécessairement les émotions, les associations d'idées, les humeurs diverses auxquelles il est encore soumis.

En effet, être ici et maintenant, ce n'est pas seulement être présent au monde extérieur mais aussi être présent à notre monde intérieur. Cette présence inclut tout ce qui entre dans notre champ de perception dont nous faisons partie intégrante. Viendra un moment où cette distinction dedans-dehors disparaîtra d'elle-même et où tout sera perçu comme une unité insécable. Mais en attendant, il ne sert à rien de chercher coûte que coûte à être présent au monde si c'est pour être en conflit avec nous-mêmes. Quand il y a émotion, être présent signifie prendre conscience de cette émotion puisqu'elle est bien réelle pour celui qui la ressent. Plus on est présent à l'émotion, plus il est possible d'être en même temps présent au monde extérieur. Si on lutte contre l'émotion pour tâcher d'être présent au monde extérieur, on n'est présent ni au monde ni à soi-même et le seul résultat est d'avoir instauré une dualité. Il peut paraître incompatible d'associer vigilance et émotion puisque celle-ci naît précisément d'une coupure avec le réel, autrement dit d'un manque de vigilance. Il n'y a pourtant pas incompatibilité mais au contraire nécessité absolue d'associer les deux : si l'on dissocie sans arrêt les moments d'émotions non conscients et les moments de vigilance sans émotion, aucun progrès n'est possible. Il faut au contraire *s'entraîner à rester conscient au sein même de ses émotions, à en prendre conscience, dans l'instant, sans aucun refus.*

NOTRE MONDE INTÉRIEUR

Nous baignons dans le réel du matin au soir puisque le réel n'est rien d'autre, nous l'avons vu, que la succession des situations dans lesquelles nous nous trouvons insérés, des instants présents auxquels nous sommes confrontés. L'irréel, c'est notre monde intérieur qu'alimente tout un fond de désirs non assouvis et de craintes latentes qui éclatent comme des bulles sous forme de pensées, à la surface de notre conscient. Or notre monde intérieur est infiniment plus captivant pour nous que le monde réel : nous sommes littéralement fascinés par lui : « Que j'échappe à cet ensorcellement de l'hier et du demain ! (16) » dit un texte soufi. L'effort sur le chemin spirituel ne peut être accompli que s'il existe dans l'être une soif du réel intense qui lui fasse préférer le réel à son monde intérieur. Ce retournement s'opère par la prise de conscience du manque d'authenticité de nos associations d'idées. De surcroît, notre imagination incontrôlée est la cause de toutes nos inquiétudes, de tous nos soucis. Dans la perception du réel, par contre, il n'existe que la joie. Le jour où nous réalisons que toutes nos souffrances proviennent de nos habitudes de pensées, de nos leitmotive intérieurs, alors le « ici et maintenant » devient la méthode par excellence qui nous permet de sortir de notre monde intérieur vicié pour retourner au réel. Si l'on ne s'accroche pas avec acharnement à l'instant tel qu'il est, nos pensées machinales continuent leur ronde infernale entraînant la répétition des mêmes expériences.

> Ce que nous sommes aujourd'hui provient de nos pensées d'hier, et nos pensées actuelles façonnent notre vie de demain. Notre vie est la création de notre esprit. (17)
>
> DHAMMAPADA BOUDDHISTE

Le seul moyen d'amoindrir la puissance de notre monde intérieur, c'est d'en sortir le plus souvent possible, en étant présent au monde extérieur à chaque instant. Et quand une émotion intensifie de nouveau notre monde intérieur, la présence à cette émotion peut nous ramener au monde extérieur. Il peut sembler paradoxal de dire qu'il faut sortir de notre monde intérieur et affirmer en même temps qu'il faut être présent à ses émotions. Le paradoxe n'est qu'apparent. Être présent à son émotion, l'accepter, c'est précisément s'en libérer. La refuser, c'est la renforcer, et donc s'éloigner du réel.

Les leitmotive intérieurs

Les leitmotive propres à chacun sont, au départ, entièrement subjectifs. Un être ressent qu'il manque totalement de confiance en lui ou qu'il n'est pas aimé ou qu'il échoue dans tout ce qu'il entreprend. Tout le problème provient uniquement de ce qu'il en est intimement convaincu. Et à cause de cette conviction qu'il projette partout, à cause de sa façon d'interpréter tout ce qui lui arrive, les situations dans lesquelles il se trouve finissent par ressembler à son leitmotiv : elles correspondent objectivement à ce qu'il ressent subjectivement. Mais s'il pouvait soudainement cesser de se voir et de voir la vie à travers son leitmotiv, du même coup tout serait changé.

Il est très difficile de se libérer d'un schéma intérieur : bien qu'étant entièrement fabriqué par son auteur, il trouve sa justification dans le fait que les situations de la vie lui donnent raison. C'est un cercle vicieux dans lequel se débat l'individu.

Il faut comprendre en profondeur la loi d'attraction pour que puisse s'amorcer une conversion. L'être doit réaliser que c'est précisément son leitmotiv qui l'amène à subir des événements correspondants. Dès lors, son obsession doit être de s'en libérer coûte que coûte.

Quelles sont les solutions qui s'offrent à lui pour s'en débarrasser ? Un travail sur l'inconscient peut s'avérer nécessaire pour retrouver l'origine de ce mécanisme, l'événement du passé qui a marqué l'être de façon tellement indélébile qu'il ne peut que penser d'une certaine manière face à une situation donnée. Mais parallèlement à ce travail, il existe une autre possibilité : *celle de cesser de penser sa vie en terme de continuité indéfinie*. Habituellement, l'être donne corps et vie à son leitmotiv en se disant : « Cela a toujours été ainsi, cela sera toujours ainsi et la situation dans laquelle je me trouve ne fait que me le confirmer. » Une attitude radicalement différente doit intervenir : toute situation de l'existence qui réveille une douleur ancienne doit être perçue en elle-même, sans aucune référence au passé ni au futur. L'être doit prendre conscience de sa souffrance présente, détachée de tout contexte. Il coupe ainsi le continuum de son leitmotiv. *Il se trouve simplement confronté à une situation qui le fait souffrir mais il considère cette situation comme unique — ce qu'elle est en réalité*. Il cesse de lui donner un impact exagéré en l'alourdissant de toutes les expériences du passé et de toutes les éventuelles expériences à venir de type similaire. Cette attitude est loin d'être facile à réaliser : le leitmotiv a régné en maître pendant des années et le poids du passé pèse plus dans la balance qu'un raisonnement juste. La conviction devra avec le temps s'approfondir jusqu'à imprégner tout l'être et devenir ainsi plus forte que les mécanismes habituels. Chaque instant sera alors perçu en lui-même, dans une perpétuelle nouveauté.

Références du chapitre
L'INSTANT PRÉSENT

1) Pensées de l'empereur Marc Aurèle, Charpentier, 29, rue de Seine (1843), pp. 216, 103, 208, 206. Traduction d'Alexis Pierron.
2) J. KRISHNAMURTI, *Commentaires sur la Vie*, t. I, Buchet-Chastel, page 16. Traduit de l'anglais par Roger Giroux.
3) CHÖGYAM TRUNGPA, *Méditation et Action*. Fayard, « Documents spirituels », pp. 115, 125, 93. Traduit par Armel Guerne.
4) Bhagwan Shree RAJNEESH, *Je suis la Porte*. Épi, p. 72, 73, 78, 79. Traduit de l'anglais par Ma Anand Gandha.
5) NYANAPONIKA THERA, *Satipatthana (Le Cœur de la méditation bouddhiste)*. Adrien Maisonneuve.
   — Canon Pali : page 152. Traduit de l'anglais par Mireille Benoit.
6) Gustave DESBUQUOIS, *Vivre le bon plaisir de Dieu*. Beauchesne, page 195.
7) Maurice BLONDEL, *Carnets intimes (1883-1894)*. Éditions du Cerf, p. 509, 508, 516, 525.
8) J.-P. DE CAUSSADE, *L'Abandon à la Providence divine*. Desclée de Brouwer. Collection Christus, p. 40, 47, 96, 118.
9) Emmanuel RENAULT, *Sainte Thérèse d'Avila et l'expérience mystique*. Seuil, « Maîtres spirituels », page 77.
10) Sainte Thérèse DE L'ENFANT-JÉSUS, *Derniers entretiens*, Éditions Desclée de Brouwer et Éditions du Cerf, pp. 336, 337, 645.
11) Simone WEIL, *La Pesanteur et la Grâce*. Plon, page 95.
12) Swâmi SIDDHESWARANANDA, *L'Intuition métaphysique*. Dervy-Livres, pp. 164, 98, 99.
13) Catherine BAKER, *Les Contemplatives, des femmes entre elles*. Stock, p. 136.
14) ÉPICTÈTE, *Entretiens*. Les Belles Lettres, t. IV, page 88, traduits par Joseph Souilhé.

15) Paul REPS, *Présence zen (zen flesh, zen bones)*. Le Dernier Terrain vague, page 49. Traduit de l'anglais par Claude Mallerin et Pierre-André Dujat.
16) Eva de VITRAY-MEYEROVITCH, *Anthologie du soufisme*. Sindbad/Islam.
   — Iqbal : page 157.
17) DHAMMAPADA BOUDDHISTE I, 1.

Souffrance et plénitude de vie

LA SOUFFRANCE

Quiconque veut voir lucidement la vie telle qu'elle est et entrer en contact direct avec le réel se trouve tôt ou tard confronté au phénomène de la souffrance en tant qu'il suscite une interrogation. Toute réflexion sur la souffrance entraîne une constatation simple : elle est une donnée de l'expérience humaine, au même titre que la joie. *Vouloir intégrer consciemment la souffrance dans sa vie devient alors la seule attitude possible et cette attitude ne découle pas d'un pessimisme ou d'une résignation passive mais d'une vision profondément réaliste du monde tel qu'il est.*

La souffrance ne provient pas des événements

La souffrance n'est pas une chose en soi, pas plus que la colère, la peur ou toute autre émotion. Elle n'existe que par rapport à une sensibilité qui la ressent. La façon dont elle est perçue est variable : face à un même fait qualifié de douloureux, tous les êtres ne ressentent pas la souffrance avec la même intensité, certains pouvant même être insensibles au type de fait en question.

Tout événement, en lui-même, est indifférent. Chacun le ressent à travers sa subjectivité et dans le contexte qui lui est propre.

La cause de la souffrance n'est pas dans les événements en eux-mêmes mais bien plutôt dans notre façon de les recevoir. On voit alors intervenir la possibilité de neutraliser la souffrance en changeant notre façon de prendre les choses beaucoup plus qu'en essayant d'éviter certains événements que nous jugeons désagréables. Qu'il soit possible de neutraliser la souffrance nous est confirmé d'ailleurs par l'expérience des mystiques et des sages dont la sérénité intérieure n'est ébranlée ni par des circonstances adverses ni par d'intenses souffrances physiques. Sans aller jusqu'à la sainteté ou la sagesse, nombreux sont ceux qui ont témoigné de la relativité de la souffrance au cœur des épreuves et de la possibilité de la vivre, sans en être anéanti. « LA SOUFFRANCE EST UN MAL POUR CEUX QUI PENSENT QUE LA SOUFFRANCE EST UN MAL » (1) (Simone Weil).

La souffrance : révélateur de notre refus de la réalité

Qu'est-ce que la souffrance ? La souffrance est le révélateur d'une résistance en nous à ce qui est. Si nous étions toujours d'accord avec les choses telles qu'elles se déroulent, il n'y aurait jamais souffrance. La souffrance provient de notre révolte, de notre refus de la réalité, de notre incapacité à faire face au monde tel qu'il est. Dans un langage chrétien, on peut dire que la souffrance est la conséquence de la volonté propre qui s'oppose à la volonté divine. La souffrance est la preuve que quelque chose ne va pas dans notre façon de concevoir et de ressentir le monde, elle est une maladie de notre perception, elle est le témoin de notre inadéquation au monde.

Il existe plusieurs degrés dans la perte de contact avec le réel. La souffrance en constitue le premier puisqu'elle indique que nous ne sommes pas capables d'embrasser le monde dans la totalité de ses manifestations. Cependant, assumer sa souffrance permet la réintégration au sein de ce qui est. Le second degré qui nous aliène un peu plus du réel découle du refus de la souffrance que nous éprouvons, ce qui revient à ne pas la regarder en face et à s'ôter ainsi toute possibilité de la dépasser.

La vie agit toujours sur moi, que cela me plaise ou non, et provoque en moi des réactions douloureuses. C'est tout ce processus que je dois comprendre, mais que fuient la plupart d'entre nous.
Lorsque vous souffrez psychologiquement, que faites-vous ? Vous allez vous faire consoler par quelqu'un, vous lisez un livre, vous ouvrez la radio, ou vous allez faire *pouja* *. Tout cela indique que vous fuyez la souffrance. Et il est évident que si on fuit une chose, on ne peut pas la comprendre. Mais regardez votre souffrance, observez-la d'instant en instant, et vous commencerez à comprendre le problème qu'elle pose. (2)

Krishnamurti

Qui accepte de souffrir porte sur la souffrance la lumière de l'attention. (1)
Simone Weil

Souffrir sans refus permet de conserver une sérénité au milieu des épreuves. Refuser de souffrir, au contraire, ne fait qu'exacerber notre souffrance.

C'est une des misères de notre nature de nous attacher dans les choses de préférence au côté qui blesse, de repousser la sève bienfaisante qui calme et adoucit, pour nous gorger du suc amer qui déchire les entrailles.
Notre volonté est, à notre insu, pour beaucoup plus que nous ne pensons, dans les douleurs qui tourmentent notre vie, et qui ne nous étaient point destinées par la Providence. Nous luttons presque sans relâche contre son amour, et, lorsque nous l'avons en quelque sorte vaincu, notre âme en détresse se roule et se tord dans son triomphe insensé, secrètement joyeuse d'avoir acquis, croit-elle, le droit d'accuser Dieu même.

---

* *Pouja* : rite oriental.

N'en doutez point, il y a quelque chose de cela dans toute souffrance qui ôte la paix, dans toute plaie du cœur qui reste vive et saignante comme au premier jour, dans tout regret qui nous rend insensibles aux biens qui nous sont laissés. (3)

Lamennais

Nos souffrances sont faites en grande partie de révolte, d'un défaut de souplesse et d'abandon.
Notre malheur ne tient qu'à un fil, et ce fil c'est nous qui le tenons : nous ne voulons pas nous lâcher. Céder à Dieu ce qu'il demande, totalement, radicalement, prononcer un *Amen* sans réserve, ce serait la délivrance. (4)

Un Chartreux

Nous tâchons de nous débarrasser de notre souffrance et ainsi ne faisons que la redoubler. (5)

Chögyam Trungpa

Chaque fois que nous souffrons, cela signifie que nous sommes en conflit avec la réalité. La souffrance indique, en conséquence, que la situation dans laquelle nous nous trouvons impliqués est idéale pour nous faire changer intérieurement. Puisque c'est cette situation précise qui nous affecte, c'est précisément sur elle que nous devons travailler. Si nous n'y faisons pas face aujourd'hui, nous souffrirons à nouveau quand nous serons confrontés à une situation de même type. Par contre, en y faisant face, nous pouvons la dépasser et accéder à une plus grande capacité de vie, nous pouvons à chaque fois assumer un plus grand nombre de situations et notre adaptation au réel va s'élargissant.

Tant que l'on n'a pas perçu le caractère totalement illusoire de la souffrance, c'est-à-dire tant que l'on n'a pas découvert en soi une sérénité inaltérable, il existe deux façons de vivre la souffrance : soit tenter de la supprimer de sa vie, soit la porter lucidement. La première solution est celle qu'adopte la majorité des êtres sans jamais parvenir à leurs fins, recherchant une moitié de l'existence et fuyant l'autre.

L'autre solution concerne ceux pour qui la vie a un sens et qui savent que ce sens n'est jamais perdu, même s'ils doivent faire face à des situations apparemment très difficiles. Ils décident de vivre les deux moitiés de l'existence et à force de les vivre pleinement, les notions d'agréable et de désagréable se nivellent et finissent par disparaître puisqu'elles ne sont rien d'autre que nos projections sur la réalité. Seules demeurent la paix et la joie inaltérables.

Dimension intérieure que permet la souffrance

En dehors de toute conception religieuse du monde, la souffrance apporte à l'être humain une dimension intérieure, un élargissement de son univers restreint ; on dit communément que la maturation d'un être suppose qu'il ait connu, à un moment ou à un autre, la souffrance, à condition qu'il ait su l'assimiler. Un être qui n'a jamais connu la souffrance a une expérience parcellaire du monde face auquel il se trouve particulièrement désarmé.

Celle-ci attise notre interrogation devant la vie, elle aiguillonne notre recherche et nous offre ainsi une possibilité accrue de découvrir le sens véritable de notre existence.

> Le sens des souffrances humaines, est de permettre l'accession à un ordre spirituel et à des forces supérieures qui vous libèrent de celles qui ont provoqué ces souffrances. (6)
>
> KARLFRIED GRAF DÜRCKHEIM

> Je considère que les huit derniers mois que j'ai passés en prison ont été la période la plus heureuse de ma vie. Car c'est alors que j'ai appris à connaître le monde nouveau de l'abnégation, ce qui a permis à mon âme de se confondre avec celles de toutes les autres créatures, de prendre son expansion et d'entrer en communion avec le Seigneur de tous les êtres. Et cela ne se serait jamais produit si je ne m'étais pas trouvé dans cette solitude totale

grâce à laquelle j'ai pris conscience de ma véritable personnalité. Bien que je ne me sois jamais plongé dans l'étude du mysticisme, les mystiques dont j'ai lu les œuvres en prison m'ont prodigieusement séduit, car j'ai trouvé chez eux l'expression des sentiments inexprimés, presque inconscients, que j'ai ressentis à ce moment-là.

Un des facteurs les plus importants qui m'aient facilité l'accès à ce monde nouveau où j'ai trouvé une parfaite paix de l'esprit, c'est la souffrance. C'est la grande souffrance qui affermit l'être humain et met à sa portée la connaissance de soi. (...)

La souffrance cristallise la force intérieure d'une âme ; c'est par elle que l'homme de caractère peut parvenir au fond de lui-même et sonder les profondeurs de sa conscience. (7)

Anouar el-Sadate

Tu désires, par la mystique, échapper à toi-même. Il faut supporter la blessure de cent épreuves sans bouger de ta place. (8)

Djâmî

Aussi, cher Monsieur Kappus, ne devez-vous pas vous effrayer quand une tristesse se lève en vous, fût-elle une tristesse plus grande que toutes celles que vous avez vécues. Quand une inquiétude passe, comme ombre ou lumière de nuage, sur vos mains et sur votre faire, vous devez penser que quelque chose se fait en vous, que la vie ne vous a pas oublié, qu'elle vous tient dans sa main à elle et ne vous abandonnera pas. Pourquoi voulez-vous exclure de votre vie souffrances, inquiétudes, pesantes mélancolies, dont vous ignorez l'œuvre en vous ? Pourquoi vous persécuter vous-même avec cette question : D'où vient tout cela, où va tout cela ? — Vous savez bien que vous êtes évolution et que vous ne désirez rien tant vous-même que de vous transformer. Si certains de vos états vous semblent maladifs, dites-vous bien que la maladie est pour l'organisme un moyen de chasser ce qui lui est contraire. Il faut donc aider cette maladie à suivre son cours. C'est le seul moyen pour l'organisme de se défendre et de se développer. Tant de choses se font en vous en ce moment ! Soyez patient comme un malade, et confiant comme un convalescent : vous êtes peut-être l'un et l'autre. Bien plus : vous êtes aussi médecin et c'est à vous-même que vous devez vous confier. Mais il y a dans toute maladie des jours où le médecin ne peut qu'attendre. Et pour autant que vous êtes votre médecin, c'est surtout cela que maintenant vous devez faire. (9)

Rainer Maria Rilke

Et une femme parla, disant, parlez-nous de la douleur.
Et il dit :
Par la douleur se brise la coquille qui enveloppe votre entendement.

De même que le noyau du fruit doit se rompre pour que son cœur puisse s'offrir au soleil, ainsi vous devez connaître la douleur.

Et pourriez-vous garder votre cœur dans l'émerveillement du miracle quotidien de votre vie, votre douleur n'apparaîtrait pas moins merveilleuse que votre joie ;

Et vous accepteriez les saisons de votre cœur, de même que vous avez toujours accepté les saisons qui passent sur vos champs.

Et vous veilleriez avec sérénité à travers les hivers de votre tristesse.

Beaucoup de votre douleur est par vous-même choisi.

C'est la potion amère par laquelle le médecin en vous guérit votre moi malade.

Faites donc confiance au médecin et buvez sa potion en silence et tranquillité :

Car sa main, quoique lourde et dure, est guidée par la main bienveillante de l'Invisible,

Et la coupe qu'il offre, bien qu'elle brûle vos lèvres, a été façonnée de l'argile que le Potier a mouillée de Ses propres larmes sacrées. (10)

Khalil Gibran

Pourquoi tout chemin spirituel suppose-t-il la souffrance ?

Assez paradoxalement, la souffrance qui révèle notre coupure avec le réel peut aussi être l'outil qui nous permet de revenir au réel. Elle peut provoquer, chez l'être englué dans les satisfactions éphémères, une prise de conscience l'incitant à aller plus loin, à rechercher un état intérieur qui ne soit plus sans cesse remis en cause par les aléas de l'existence.

> La souffrance est une grande simplificatrice ; elle nous oblige à revenir à l'essentiel ; elle dissipe les apparences que nous prenions pour des réalités de grand prix ; elle bouleverse notre échelle des valeurs. (11)
>
> Pasteur Marc Boegner

Par ailleurs, on sait l'importance que revêt, chez le mystique, l'épreuve de la « nuit de la foi » au cours de laquelle il ressent une intense souffrance morale faite de doutes et d'un dégoût marqué pour ce qui touche à la religion. La Supérieure d'un couvent déplore la désertion des religieuses devant cette étape purificatrice indispensable à leur cheminement :

> Avant, les « nuits de la foi » étaient considérées comme une épreuve bien connue et une religieuse avertie n'aurait pas quitté le monastère pour autant. Aujourd'hui, la théologie des « nuits » est aussi remise en question et quelques-unes s'en vont au cours d'une crise religieuse. (22)

Tout chemin spirituel suppose le retour au réel, donc l'érosion de nos projections et de nos distorsions. Il n'y a pas d'évolution possible sans une transformation radicale, une révolution intérieure, un bouleversement de toutes nos habitudes. Ce retournement s'avère forcément déroutant et douloureux.

Si la souffrance doit être considérée comme la condition *sine qua non* d'un réveil et d'une progression, il ne faut pas en conclure que toute souffrance aboutit à une évolution : elle semble la plupart du temps ne conduire nulle part ceux qui l'éprouvent. « Par la souffrance, personne n'atteignit le trésor de l'union mystique et, chose étrange ! sans la souffrance personne ne contempla ce trésor » (8) dit un texte soufi. Simone Weil dira de toute cette souffrance inutile : « Toute douleur qui ne détache pas est de la douleur perdue. » Et elle ajoutera, donnant ainsi la clé de cet échec : « toute douleur non acceptée »... (1)

Pour conduire à une évolution, la souffrance doit donc être vécue consciemment et entièrement assumée. Elle n'est alors qu'un passage, la porte étroite que tout homme doit franchir pour accéder au réel, à Dieu, ou à l'Absolu, quel que soit le nom que l'on donne au terme du voyage spirituel.

> Nous disons *oui* à notre souffrance (...) Quelle que soit l'origine que nous assignons à notre souffrance, nous savons que Dieu nous y veut paisibles, calmes, confiants. Nous découvrons par elle et peut-être en elle, une intention, une volonté de Dieu à notre égard. Dire oui à notre souffrance, en demandant la force de lui sourire, c'est prendre au sérieux la demande, si souvent répétée, de l'Oraison dominicale : « Que ta volonté soit faite »... (11)
>
> PASTEUR MARC BŒGNER

L'adversité, l'infortune, avec les souffrances et les chagrins qui en résultent, sont le sort habituel des mortels. Certains hommes à la tournure d'esprit philosophique ont mis en doute l'utilité de la souffrance dans le monde ; non seulement ils ont nié la bonté de Dieu, mais ils ont rejeté Dieu des supputations humaines comme indigne de foi. Cependant, les sages, qui ont poussé l'expérience jusqu'au bout et sondé profondément les mystères de la vie, proclament d'une voix assurée la valeur inestimable de l'adversité. Il est certain que s'il n'y avait pas de souffrances dans le monde il ne pourrait y avoir d'évolution de l'homme vers le but le plus élevé de la vie : la connaissance de l'immortalité. On ne peut avancer vers les domaines spirituels et subtils de l'existence que par la voie de la douleur et de la souffrance. C'est seulement par la souffrance que l'âme comprend la base et le but véritables de l'existence. Le chagrin, la peine et la souffrance lui ouvrent les portes vers la compréhension de la valeur et du pouvoir suprêmes de la vie. La grandeur et la beauté les plus accomplies de la vie se révèlent lorsque celle-ci est contrainte de passer par le feu des tribulations et du chagrin.

Chaque nouvelle naissance présuppose une période d'angoisse. Chaque graine éclate dans la douleur, avant de manifester le charme du feuillage et des fruits qu'elle recelait. Le nouveau-né innocent et souriant ne se montre à nos yeux qu'après les souffrances supportées par sa mère. L'or étincelant coule du minerai sombre lorsqu'on le porte à la fusion. Le parfum de certaines feuilles et de certaines écorces ne s'exhale que lorsqu'on les écrase. Ainsi, la vie qui s'accompagne des plus pénibles expériences est celle qui manifeste sa plus haute gloire.

La vie serait vraiment une chose banale et insipide si les chagrins et les douleurs lui étaient étrangers. Car la beauté, la paix et le pouvoir véritables sont conçus et formés dans une matrice de douleur. La douceur est plus appréciée lorsqu'elle vient après l'amertume.

Ne déprécie donc pas la valeur de la souffrance. Elle est un élément essentiel à l'évolution de la vie. N'en aie pas peur et n'essaye pas de la fuir. Et, prenant conscience de sa grande valeur et de sa nécessité pour la montée de l'âme vers son but, accueille toutes les luttes et toutes les épreuves de la vie. Puises-y un plus grand pouvoir de volonté, afin de faire de tes tribulations les degrés de granit qui te conduiront vers les sommets de la paix et de la béatitude absolues. Pour l'âme qui a atteint la facilité et la paix, la peine et la souffrance ne sont plus. Sa vie entière et toutes ses expressions se transmuent en un flot continu d'ineffable extase. La peine et la souffrance connaissent alors leur triomphe suprême. Ceux qui ont atteint un tel niveau proclament que Dieu, le créateur des mondes, est toute bonté et miséricorde. Ils ne critiquent pas l'état dans lequel se trouve le monde, car ils savent que les plus sombres instants de la vie précèdent l'aube d'une lumière éclatante, dans une paix et un bonheur sans fin.

Glorifie donc la souffrance et, comprenant son sens véritable dans la vie, fais-en un juste usage. Au lieu d'être découragé par elle, élève-toi et tâche d'atteindre les buts les plus nobles de la vie. Puissent tes sublimes virtualités se révéler en toi au contact purificateur de la souffrance. Qu'elle fasse fleurir ton âme pour qu'elle exhale le parfum de l'infini, et qu'elle rayonne de cette lumière, de cette paix et de cet amour qui participent de l'absolu. Bénis soient ceux qui souffrent ! (12)

Swâmi Ramdas

L'au-delà de la souffrance

Face à la souffrance, deux facteurs sont à prendre en considération : tout d'abord l'intensité de celle-ci, ensuite la capacité de souffrance d'un individu, c'est-à-dire la possibilité d'intégrer une souffrance sans qu'elle annihile celui qui la ressent. Certains êtres ont une faible résistance et le moindre événement contraire les anéantit ; d'autres ont une immense endurance et les événements les plus terribles, loin de les broyer, trempent leur être et le raffermissent. Entre ces deux extrêmes s'étale toute la gamme des différents tempéraments et destins.

> Ce qui renverse la personne non mûre — une lourde perte, une déception, une brutale injustice — sera l'occasion, chez l'homme mûr, d'un accroissement de sa maturité ; la vraie maturation n'ayant pas de fin. C'est donc encore un signe de maturité que de rester ouvert à la transformation perpétuelle. (...)
> L'homme mûr n'en voudra jamais à la vie car, à travers son non-sens même, il y découvre un sens plus profond. Il accepte avec le sourire ce qui le contrarie, et la fermeté de son âme lui donne la force de transformer l'existence grâce à l'expérience de l'Être. (6)

Karlfried Graf Dürckheim

On aurait tort de croire qu'une souffrance intense est toujours inacceptable. Les souffrances les plus déchirantes sont au contraire celles qui favorisent l'accès à une autre dimension, si nous avons le courage de les traverser.

> Le transcendant nous embrasse lorsque nous avons enfin le courage de ne pas reculer devant une grande souffrance, mais qu'au contraire, nous acceptons de nous laisser consumer par elle, remplis de foi en ce qui nous attend au-delà du néant qui nous effraie en cet instant. (...)
> De même connaîtra la réalité de l'Être, grâce à l'« expérience », celui qui brisé, détruit par un événement absurde se trouvera capable, en un instant plein de grâce, de l'accepter. Il ressentira à travers elle, d'une manière subite, un « sens » plus profond, provenant d'une autre dimension. Enfin, la connaissance de l'Être est impartie à ceux qui ont tout perdu et se trouvant dans la solitude la plus totale sont capables de l'accepter. C'est également à ce moment même, que d'une façon inattendue, du plus profond de leur total dénuement leur arrive la grâce insoupçonnée de se sentir entourés, protégés, et vivifiés d'un amour qui n'est pas de ce monde. (6)
>
> KARLFRIED GRAF DÜRCKHEIM

Voici deux exemples vécus d'hommes qui ont été éclairés et transformés par de grandes souffrances.

Le premier est celui d'un homme condamné à mort pour meurtre et guillotiné à l'âge de 27 ans. Durant les quelques années qu'il a passées en prison, une véritable conversion s'est opérée en lui, dans le cadre du christianisme. La simplicité enfantine du langage qu'il emploie ne doit pas faire oublier la grandeur de l'expérience ici relatée. Nous citons quelques extraits des lettres qu'il écrivait peu de temps avant son exécution :

> J'ai deux mois devant moi, je sais maintenant ce que Jésus veut de moi : le total abandon de ma volonté à la Sienne, l'acceptation *positive* de ce châtiment qui me fai-

sait regimber. Juste ou injuste, ça n'a plus d'importance, tout est pardonné, tout est racheté surabondamment...

A l'heure actuelle, qui est pleine de menaces mortelles, je sais que je suis le plus privilégié des hommes parce que *ce qu'on va me donner est hors de proportion avec ce qu'on va me prendre*, et en aurais-je la possibilité que je ne changerais pas mon sort pour celui d'un roi du pétrole...

J'ai remis toute volonté, tous soucis entre les mains de Jésus, et étant devenu ainsi docile à toute inspiration, le Seigneur fait avec moi et en moi de grandes choses.

Je (...) réalise avec netteté l'impossibilité qu'il y a, pour les âmes qui ne se soumettent pas entièrement, à gagner le Paradis.

Ce n'est pas par lassitude que je veux m'en aller. Mais c'est afin que la volonté du Père soit faite ; et parce que j'accepte de tout cœur cette Volonté, je reçois joies sur joies.

L'exécution aura lieu demain, vers quatre heures du matin. Que la volonté du Seigneur soit faite en toutes choses. (13)

Jacques Fesch

Le second témoignage est celui de Victor Frankl, ancien déporté des camps de concentration nazis. Il s'agit là d'un cas de souffrance extrême, à la fois physique et psychologique et pourtant l'auteur a trouvé moyen d'intégrer cette immense souffrance et d'en enrichir sa vie.

Lorsque le destin, concret, impose une souffrance à l'homme, et parce qu'il l'impose, celui-ci devrait voir, dans cette souffrance, une tâche — une tâche absolument unique. A l'égard de la souffrance, l'homme doit donc lutter jusqu'à atteindre la conscience qu'avec ce destin souffrant il se trouve, dans tout le cosmos peut-on dire, en position unique, et qui jamais ne se renouvellera. Personne ne peut l'assumer pour lui. Personne ne peut souffrir cette souffrance à sa place. Mais dans la manière dont lui-même, frappé par ce destin, porte cette souffrance, réside pour lui une possibilité d'accomplissement unique.

Pour nous, dans les camps de concentration, tout cela représentait beaucoup plus que d'abstraites spéculations : des réflexions de cet ordre étaient *la seule chose* encore capable de nous aider ! Car c'étaient bien ces pensées qui nous empêchaient de désespérer alors que nous ne voyions plus aucune chance de rester en vie. Depuis longtemps il ne s'agissait plus, pour nous, de « la question » sur le sens de la vie telle qu'on la pose souvent, naïvement, et qui ne signifie rien d'autre que la réalisation d'un but quelconque en faisant, en créant quelque chose. Il s'agissait, pour nous, du sens de la vie *conçue comme un tout* dans lequel la mort est également comprise ; et ainsi ne recouvre-t-il pas seulement le sens de « vivre », mais aussi celui de souffrir et de mourir et c'est pour ce sens-là que nous avons lutté !

Lorsque le sens de la souffrance nous était devenu évident, alors nous refusions également de rapetisser toute cette immense souffrance vraie du camp, en la « refoulant » ou en essayant de nous tromper nous-même — comme on le fait par un optimisme artificiel à bon marché. La souffrance nous était également devenue une tâche, et nous ne voulions plus nous fermer à sa signification. A nous la souffrance a révélé son caractère d'accomplissement. (...)

Pour nous, il y eut réellement beaucoup de souffrance à assumer. Et c'est pourquoi il était bien nécessaire de regarder les choses, de regarder la pleine quantité de souffrance, pour ainsi dire en face. Cela comportait, certes, le danger que l'un ou l'autre pût flancher, et peut-être, une fois, laisser en secret couler ses larmes, librement. Mais il n'aurait pas dû avoir honte de ces larmes ! Elles étaient la preuve qu'il avait le courage le plus haut : celui de souffrir ! Cela, ils étaient très peu à le savoir, et ce n'est qu'avec un sentiment de honte qu'ils avouaient, à l'occasion, avoir une fois de plus pleuré tout leur saoul — comme ce camarade qui m'a confié, un jour

que je lui demandais comment il avait fait pour se débarrasser de ses œdèmes de la faim :
— Je me les suis pleurés...

... Lorsqu'il me sembla, au camp, que ma mort n'était plus qu'une question de jours, je fus d'abord désespéré à la pensée que mon manuscrit, *Aerztliche Seelsorge* (littéralement : « Soins médicaux pour l'âme »), perdu à Auschwitz, ne pourrait plus être publié. Il m'était ainsi demandé de renoncer à l'espoir d'en faire une deuxième rédaction, et, dans la situation présente, cela signifiait que je devais lutter jusqu'à implanter en moi cette conviction : que vaudrait une vie dont le sens dépendrait complètement de la publication ou de la non-publication d'un livre ?... Il devenait clair, pour moi, bien que je le ressentisse très douloureusement, que le sens de la vie est tel qu'il se réalise même dans l'échec.

La vie ne cesse jamais d'avoir un sens (...) Elle reste, dans tous les cas, pleine de sens. (...) Même les aspects tragiques de la vie, telle l'inévitable souffrance, peuvent être convertis en accomplissement de l'être humain, par l'attitude qu'adopte un homme, par la position qu'il prend face à la situation où il se trouve.

Un soir, dans une des baraques du camp de concentration, l'un des camarades de Victor Frankl lui demande de parler aux détenus après une journée qui a été particulièrement dure. Il leur dit alors :

Je parlai (...) des multiples possibilités de remplir sa vie en lui donnant un sens. J'expliquai à mes camarades (ils étaient tous allongés, silencieux, ne bougeant presque pas, laissant tout au plus échapper, de temps à autre, un profond soupir...) que la vie humaine a toujours, et dans toutes les circonstances, un sens, et que ce sens infini de l'existence inclut encore le souffrir et le mourir, la misère et la mort. Je suppliais ces pauvres diables, qui m'écoutaient attentivement, là, dans l'ombre épaisse de la baraque, de regarder les choses en face, et le tragique de notre existence en face, et de ne pas déses-

pérer pour autant, mais, bien au contraire, en prenant
conscience que même s'il n'y avait, dans notre lutte,
aucune chance de succès, elle n'en conservait pas moins
toute sa signification et toute sa dignité : de garder courage, enfin !
　　Sur chacun de nous, leur disais-je, quelqu'un, en ces
heures graves, abaisse son regard, avec des yeux exi-
geants : un ami ou une femme, un vivant ou un mort ! —
ou un dieu. Et il attend de nous que nous ne le décevions
pas, que nous acceptions de souffrir ou de mourir, non
pas en misérables, mais fièrement.

Victor Frankl cite également le cas d'une jeune femme au camp
de concentration :

　　Cette jeune femme savait qu'elle allait mourir dans les
jours qui suivraient. Elle n'en était pas moins gaie
lorsque je m'entretenais avec elle. « Je suis reconnais-
sante à mon destin de m'avoir frappée si fort, me disait-
elle mot pour mot. Dans ma vie bourgeoise antérieure,
j'étais trop gâtée, et, sur le plan de mes ambitions spirituelles, ce n'était pas toujours bien sérieux. » (14)

Victor Frankl

Nous donnons intégralement le très beau texte écrit par Bernadette Soubirous peu de temps avant son agonie, dans lequel elle
se remémore toutes les souffrances, grandes et petites, qui ont
jalonné sa vie, pour en rendre grâce à Dieu dans une adhésion
totale.

　　« Abandon sans bornes, amour et fidélité à Jésus
jusqu'à la mort... » Et c'est l'acceptation : non seulement
l'acceptation de cette interminable agonie, — elle ne res-
pire plus maintenant qu'assise dans un fauteuil, et sa
jambe pourrie la torture, — mais l'acceptation de sa vie
tout entière : *

---

* Commentaire de sa biographe, Marcelle Auclair.

« ...Pour la misère de père et mère, la ruine du moulin, le madrier de malheur, le vin de lassitude, les brebis galeuses, merci mon Dieu !

« Bouche de trop à nourrir que j'étais, pour les enfants mouchés, les brebis gardées, merci !

« Merci mon Dieu pour le procureur, le commissaire, les gendarmes, et les mots durs de l'abbé Peyramale !

« Pour les jours où vous êtes venue, Notre-Dame Marie, pour ceux où je vous ai attendue, je ne saurais vous rendre grâce qu'en Paradis !

« Mais pour la gifle de Mlle Pailhasson, les railleries, les outrages, pour ceux qui m'ont crue folle, pour ceux qui m'ont crue menteuse, pour ceux qui m'ont crue avide, merci, Dame Marie !

« Pour l'orthographe que je n'ai jamais sue, la mémoire des livres que je n'ai jamais eue, pour mon ignorance et ma sottise, merci !

« Merci, merci ! Car s'il y avait eu sur terre fille plus ignorante et plus sotte, c'est elle que vous auriez choisie...

« Pour ma mère morte au loin, pour la peine que j'ai eue quand mon père au lieu de tendre les bras à sa petite Bernadette m'appela " Sœur Marie-Bernard ", merci Jésus !

« Merci d'avoir abreuvé d'amertumes ce cœur trop tendre que vous m'avez donné !

« Pour Mère Joséphine qui m'a proclamée bonne à rien, merci !

« Pour Mère Maîtresse, sa voix dure, sa sévérité, ses moqueries, et le pain d'humiliation, merci !

« Merci d'avoir été celle à qui Mère Marie-Thérèse pouvait dire : " Vous n'en faites jamais d'autres ! "

« Merci d'avoir été cette privilégiée des semonces dont mes sœurs disaient : " Quelle chance de n'être pas Bernadette ! "

« Merci pourtant d'avoir été Bernadette, menacée de prison parce qu'elle Vous avait vue, regardée par les foules comme une bête curieuse, cette Bernadette si ordinaire qu'en la voyant on disait : " *C'est ça!...* "

« Pour ce corps piteux que vous m'avez donné, cette

maladie de feu et de fumée, ma chair pourrie, mes os cariés, mes sueurs, ma fièvre, mes douleurs sourdes ou aiguës, merci mon Dieu!

« Et pour cette âme que vous m'avez donnée, pour le désert des sécheresses intérieures, pour Votre nuit et Vos éclairs, pour Vos silences et Vos foudres, pour tout, pour Vous absent ou présent, merci Jésus! » (15)

Bernadette Soubirous

Thérèse de Lisieux opère un retournement total en cessant de considérer la souffrance comme douloureuse * et en l'accueillant avec amour :

> Je me trouve à une époque de mon existence où je puis jeter un regard sur le passé ; mon âme s'est mûrie dans le creuset des épreuves extérieures et intérieures.
>
> Jusqu'alors j'avais souffert sans *aimer* la souffrance, depuis ce jour je sentis pour elle un véritable amour.
>
> Le Bon Dieu a daigné faire passer mon âme par bien des genres d'épreuves ; j'ai beaucoup souffert depuis que je suis sur la terre, mais si dans mon enfance j'ai souffert avec tristesse, ce n'est plus ainsi que je souffre maintenant, c'est dans la joie et la paix, je suis véritablement heureuse de souffrir.
>
> La souffrance elle-même devient la plus grande des joies lorsqu'on la recherche comme le plus précieux des trésors. (16)

Thérèse de Lisieux

Ne plus souffrir de sa souffrance, voilà quelle a été l'ambition suprême de tant d'hommes qui n'ont pu accepter la médiocrité de l'existence commune.

Nos tristesses, nos affaires d'état, nos angoisses d'âme, c'est si peu de choses pour les autres, si peu de choses dans l'absolu! Supprimez ce qu'il y a d'illusoire

---

* Voir le texte d'Arnaud Desjardins, pages 203 à 205.

et de faux dans le moi, qu'en restera-t-il ? (...) Nos douleurs (...) ne sont pas ce que nous imaginons ; et vues du dehors, vues comme Dieu les voit, vues comme nous les verrons nous-mêmes dans quelques jours peut-être, elles sont tout autres que nous les sentons.

Ce qui n'est que du temps est de signe contraire à ce qui est de l'éternité, à ce qui *est*. Ainsi de nos douleurs présentes. La souffrance, vue de l'absolu, est l'éternelle béatitude. En nous privant de ce qui paraît être et en nous exterminant de nous-mêmes, elle nous donne ce qui est, Dieu. (17)

Maurice Blondel

VIE TOTALE

En dernière analyse, la souffrance s'avère être un problème insoluble uniquement pour celui qui s'acharne à ne vouloir qu'une expérience relative et tronquée de l'existence.

Une existence obéit à des lois simples et précises : tout être cherche à réaliser des désirs, des aspirations qui l'habitent et il s'efforce de supprimer les situations dont il a peur. La diversité des formes que revêt l'accomplissement concret des désirs d'un être humain ne doit pas faire oublier que la motivation de départ est toujours la même. Les destins diffèrent mais leur source est identique : fuir la souffrance, rechercher le bonheur, ce qui aboutit à l'expérience d'une vie scindée en deux.

La perspective de l'être engagé sur un chemin devient tout autre. Sa réflexion le conduit à une prise de conscience. Il ne réalise pas tous ses désirs, des événements contraires y font souvent obstacle, il est obligé de subir ce qui lui déplaît. On peut dire qu'il s'interroge sur le sens de la souffrance dans sa vie. Son point de vue s'élargit et il cherche à comprendre son existence dans sa totalité, *il accepte de subordonner ses intérêts personnels immédiats à la découverte du mystère de la vie.*

Quand l'être réalise que la vie a un sens qui dépasse toute limitation, il comprend que la souffrance n'est que l'envers du bonheur — comme le blanc est le contraire du noir. Ces deux aspects de l'expérience humaine étant indissociables, il convient de dépasser notre nature primaire qui désire gommer toute une moitié de l'existence pour n'en connaître que la moitié heureuse ; poursuite vaine qui, malgré les démentis constants du destin, se perpétue chez la plupart des êtres jusqu'à leur mort sans que jamais leur saute aux yeux l'insanité d'une telle démarche. S'il existe une réalité qui se situe au-delà de la polarité relative bonheur-malheur elle ne peut être accessible qu'à celui qui vit la totalité des données de l'existence. En acceptant tous les événements, en vivant consciemment toute la gamme des états intérieurs qu'ils suscitent en lui, l'homme parvient à réconcilier les contraires. L'acceptation, l'absence de conflit avec soi-même et avec le monde le conduisent à une vie pleine et unifiée, dont découle tout naturellement la transcendance — ou plus exactement une vie totale, non-duelle, est en elle-même transcendance.

Nous devons accepter notre existence aussi complètement qu'il est possible. Tout, même l'inconcevable, doit y devenir possible. Au fond, le seul courage qui nous est demandé est de faire face à l'étrange, au merveilleux, à l'inexplicable que nous rencontrons. Que les hommes, là aient été veules, il en a coûté infiniment à la vie. Cette vie que l'on appelle imaginaire, ce monde prétendu « surnaturel » la mort, toutes ces choses nous sont au fond consubstantielles, mais elles ont été chassées de la vie par une défense quotidienne, au point que les sens qui auraient pu les saisir se sont atrophiés. Et encore je ne parle pas de Dieu. La peur de l'inexplicable n'a pas seulement appauvri l'existence de l'individu, mais encore les rapports d'homme à homme, elle les a soustraits au fleuve des possibilités infinies, pour les abriter en quelque lieu sûr de la rive. Ce n'est pas seulement à la paresse que les rapports d'homme à homme doivent d'être devenus indiciblement monotones, de se reproduire sans nouveauté : c'est à l'appréhension de l'homme d'un nouveau dont il ne peut prévoir l'issue et qu'il ne se sent pas de taille à affronter. Celui-là seulement qui s'attend à tout, qui n'exclut rien, pas même l'énigme, vivra les rapports d'homme à homme comme de la vie, et en même temps ira au bout de sa propre vie. Si nous nous représentons la vie de l'individu comme une pièce plus ou moins grande, il devient clair que presque tous n'apprennent à connaître qu'un coin de cette pièce, cette place devant la fenêtre, ce rayon dans lequel ils se meuvent et où ils trouvent une certaine sécurité. Combien plus humaine est cette insécurité, pleine de dangers, qui pousse les prisonniers, dans les histoires de Poe, à explorer de leurs doigts leurs cachots terrifiants, à tout connaître des frayeurs indicibles qui en viennent! Mais nous ne sommes pas des prisonniers. Nulle trappe, nul piège ne nous menace. Nous n'avons rien à redouter. Nous avons été placés dans la vie comme dans l'élément qui nous convient le mieux. Une adaptation millénaire fait que nous ressemblons au monde, au point que si nous restions calmes, nous nous distinguerions à peine, par un mimétisme heureux, de ce qui nous entoure.

Nous n'avons aucune raison de nous méfier du monde, car il ne nous est pas contraire. S'il y est des frayeurs, ce sont *les nôtres* : s'il y est des abîmes, ce sont nos abîmes ; s'il y est des dangers, nous devons nous efforcer de les aimer. Si nous construisons notre vie sur ce principe qu'il nous faut aller toujours au plus difficile, alors tout ce qui nous paraît encore aujourd'hui étranger, nous deviendra familier et fidèle. Comment oublier ces mythes antiques que l'on trouve au début de l'histoire de tous les peuples ; LES MYTHES DE CES DRAGONS QUI, À LA MINUTE SUPRÊME, SE CHANGENT EN PRINCESSES ? TOUS LES DRAGONS DE NOTRE VIE SONT PEUT-ÊTRE DES PRINCESSES QUI ATTENDENT DE NOUS VOIR BEAUX ET COURAGEUX. (9)

Rainer Maria Rilke

Alors une femme dit, Parlez-nous de la Joie et de la Tristesse.
Et il répondit :
Votre joie est votre tristesse sans masque.

Et le même puits d'où fuse votre rire fut souvent rempli de vos larmes.
Et comment en serait-il autrement ?
Plus profondément le chagrin creusera votre être, plus vous pourrez contenir de joie.
La coupe qui contient votre vin n'est-elle pas la même coupe qui fut cuite dans le four du potier ?
Et le luth qui caresse votre âme, n'est-il pas le même bois qui fut évidé au couteau ?
Lorsque vous êtes joyeux, regardez profondément en votre cœur et vous trouverez que ce qui vous apporte de la joie n'est autre que ce qui vous a donné de la tristesse.
Lorsque vous êtes tristes, regardez à nouveau en votre cœur, et vous verrez qu'en vérité vous pleurez pour ce qui fut votre délice.
Il en est parmi vous qui disent : « La joie est plus grande que la tristesse », et d'autres disent : « Non, la tristesse est plus grande. »
Mais moi je vous dis qu'elles sont inséparables.
Ensemble elles viennent et quand l'une vient s'asseoir seule avec vous à votre table, rappelez-vous que l'autre dort sur votre lit.
En vérité, vous êtes suspendus comme une balance entre votre tristesse et votre joie.
Ce n'est que lorsque vos plateaux sont vides que vous êtes immobiles et en équilibre.
Lorsque le gardien du trésor vous soulèvera pour peser son or et son argent, il faudra que votre joie ou votre tristesse s'élève ou s'abaisse. (10)

Khalil Gibran

Un changement continuel a lieu dans le monde extérieur. La vie et la mort surviennent côte à côte. Il y a la lumière et l'obscurité, la clarté du soleil et l'ombre, le plaisir et la douleur, le chaud et le froid, l'amour et la haine, etc. Ces opposés sont sans fin. Mais nous en aimons certains et n'aimons pas les autres. Nous voulons le bon mais pas le mauvais. Nous convoitons le plaisir et détestons la douleur. Nous acceptons le chaud mais rejetons le froid ou vice versa. Mais la vie est faite de toutes les expériences, bonnes et mauvaises, difficiles et faciles, simples et complexes. Nous ne voulons que l'agréable et pas le désagréable. De cette façon, nous appauvrissons nos vies. Vivre signifie expérimenter toute chose. Nous voulons la rose mais pas l'épine. Nous voulons le miel, mais ne voulons pas que l'abeille nous pique. La mère veut aimer et caresser l'enfant, mais ne veut pas des malaises de la grossesse et des douleurs de l'accouchement.

Tout ceci provient de l'ignorance — ignorance du simple fait que plaisir et douleur vont ensemble. Si nous rejetons une moitié des expériences de la vie, nous nous appauvrissons d'autant. Non seulement nous sommes appauvris mais, même en expérimentant le plaisir, nous manquons sa richesse. Ce n'est que lorsque nous connaissons la douleur que nous pouvons apprécier la joie réelle (que procure) le plaisir. Seul l'homme qui a été au soleil brûlant peut vraiment apprécier l'ombre fraîche *. (18)

SWÂMI PRAJNANPAD

Il y a l'expérience ordinaire, expérience toujours dualiste, jamais complète parce qu'elle est imprégnée de crainte; et il y a l'expérience réelle de tout, instant après instant, qui est libre de la crainte. Vous pouvez être certain (...) qu'au niveau ordinaire (...) on est toujours déçu, parce que, à l'arrière-plan et dans le fond, dans l'inconscient, la crainte est là. On vit sur un fond de crainte, parce qu'on est marqué par cette dualité: Il y a ce qui est favorable, il y a ce qui est défavorable. Il y a ce que j'aime, que je veux, dont je me réjouis, il y a ce que je n'aime pas, que je ne veux pas, dont je ne peux pas me réjouir et qui me menace. Et cette menace, elle sera toujours là. Ce qui fait que non seulement on ne goûte pas, on n'apprécie pas les expériences dites douloureuses, puisqu'on les refuse de tout son être; mais on n'apprécie pas et on ne goûte pas non plus les expériences dites heureuses, parce qu'on n'est pas complètement — tête, cœur, corps, conscient, inconscient — unifié dans l'expérience.

* Traduction de l'auteur.

Le fait de refuser l'aspect négatif, cruel de l'existence, parce qu'on le sent trop comme insupportable, nous frustre aussi de l'aspect heureux. Voilà la grande découverte qui peut être faite et le grand Enseignement. Swâmiji * me disait : « Oh! Arnaud, vous pouvez vous contenter de *half-life and miss full life*, vous pouvez vous contenter d'une demi-vie, d'une moitié de vie, et manquer la plénitude de la vie ? » — Cela voulait dire : Vous pouvez vous contenter de la moitié des données du problème ?

Mais, je vais plus loin. Je vous dis que ce n'est même plus la moitié des données du problème; même cette moitié disparaît. Quand nous refusons l'autre moitié, la moitié que nous acceptons ne peut pas être là non plus, du fait que nous la vivons émotionnellement, dans cet état d'esprit d'attachement : pourvu que ça ne m'échappe pas, pourvu que ça dure, pourvu que ça ne se transforme pas en son contraire, pourvu que les souffrances ne reviennent pas. La distinction de la souffrance et de la non-souffrance est à l'intérieur de nous. Or il se trouve qu'il est possible, concrètement possible, pour celui qui a vraiment une vocation de disciple et qui s'engage sur le Chemin, de faire une expérience prodigieuse, bouleversante, parfaitement faisable mais que presque personne n'a faite parce que presque personne n'a voulu la faire. C'est faire l'expérience que *la souffrance n'est pas douloureuse*, que c'est une « opinion », une conviction fausse et une illusion. Il est possible de faire l'expérience que la souffrance n'est pas douloureuse. Ce qui change tout, parce que cela libère, de plus en plus profondément, d'une façon absolument nouvelle, qui nous rend méconnaissable même à nous-même, cela libère de cette crainte et de cette peur dans laquelle les hommes comme les animaux passent leur existence. (...)

Peu à peu, il est possible de se familiariser consciemment, librement, avec l'autre moitié de l'existence. (...)

Avant de comprendre que les événements tragiques ne sont pas douloureux, il est possible de comprendre

---

* *Swâmiji:* Swâmi Prajnanpad, le maître hindou d'Arnaud Desjardins.

que la souffrance *en tant qu'émotion* n'est pas douloureuse, c'est-à-dire approcher et aborder sa propre souffrance d'une façon absolument nouvelle. Sous une forme ou sous une autre, vous trouverez cette vérité dans tous les Enseignements qui peuvent vraiment mener à la liberté — toujours — et ça ne peut pas être autrement. Comment voulez-vous qu'un Enseignement mène à l'absence définitive de peur, à la sérénité ou à la béatitude immuables, tant que cette distinction de ce qui est favorable et défavorable est maintenue ? C'est impossible. Ce que nous appelons le défavorable ne disparaîtra jamais. Aucun yogi, aucun moine, aucun ascète, aucun ermite, aucun disciple du plus grand maître ne peut être certain que l'Univers va faire exception pour lui, qu'il ne vieillira jamais, qu'il ne sera jamais malade, qu'il ne sera jamais trahi, qu'il ne mourra jamais, etc. Par conséquent, il n'y a pas besoin de réfléchir longtemps pour comprendre que ou bien ce dont je parle aujourd'hui et qui est enseigné dans ce texte est vrai ; et alors il y a peut-être une chance de paix, de sagesse, de libération. Ou bien ce qui est enseigné dans ce texte n'est pas vrai, mais alors abandonnons tout de suite la partie, et que plus personne ne perde une heure auprès d'un maître zen, un maître tibétain, un maître yogi, un maître hindou, ou à étudier d'anciens textes d'ésotérisme chrétien ou de soufisme musulman. Cela ne peut être autrement, c'est ou l'un ou l'autre.

Pourquoi ne pas faire l'expérience ? (...)

Pourquoi ne pas faire, une fois, l'expérience d'approcher la souffrance avec un œil nouveau, complètement nouveau ? Quelque chose me rend véritablement malheureux, me fait vraiment souffrir ? Eh bien je vais aborder ma souffrance en sachant : « Voilà, c'est une moitié de l'énoncé du problème, et je ne laisserai pas échapper cette moitié de l'énoncé du problème, afin de comprendre le secret de moi-même, le secret de la Réalité, le secret de l'Univers, le Secret que la science recherche, dont les philosophes discutent et que les Sages connaissent depuis toujours. C'était si simple, mais il fallait y penser. Je n'y arriverai jamais avec la moitié de l'énoncé du problème, voilà que la vie met à ma disposition l'autre moitié. Je ne la laisse pas échapper, j'en profite. Heureuse, bienheureuse souffrance qui va me permettre d'avoir l'énoncé total, donc d'avoir la réponse. » Je dis « heureuse, bienheureuse souffrance » quelle que soit la motivation extérieure de la souffrance. J'y suis, dans la souffrance. Eh bien, je l'approche d'une façon absolument nouvelle. Je vais en avoir l'expérience, la goûter, en avoir la jouissance, pleinement, sans crainte, sans refuser, *sans souffrir de souffrir*. C'est une conversion totale. (19)

ARNAUD DESJARDINS

Maharaj : La souffrance est due à la non-acceptation.
Question : Il n'est pas possible d'accepter la douleur.
M : Pourquoi pas ? Avez-vous jamais essayé ? Essayez, et vous découvrirez dans la douleur une joie que le plaisir ne vous donnera jamais, pour la simple raison que l'acceptation même de la souffrance vous conduira plus loin que ne peut le faire le plaisir. (...) Quand la douleur est acceptée pour ce qu'elle est, une leçon et un avertissement, quand on l'a soigneusement examinée, la différence entre le plaisir et la douleur s'efface, et l'un et l'autre deviennent une expérience — douloureuse si on résiste, agréable si elle est acceptée.
Q : Conseillez-vous donc de fuir le plaisir et de rechercher la douleur ?
M : Non, pas plus que de poursuivre le plaisir et d'éviter la douleur. Acceptez-les tous deux comme ils se présentent, jouissez de l'un et de l'autre tant qu'ils durent, laissez-les aller quand ils le doivent.
Q : Comment puis-je jouir de la douleur ? Une douleur physique demande que nous réagissions.
M : Naturellement, la souffrance mentale aussi. La béatitude n'est pas dans le refus de la douleur, dans le repli sur soi ni dans le fait de s'en détourner, mais dans une attention totale à celle-ci. Tout bonheur vient de la conscience. Plus nous sommes conscients, plus profonde est la joie. L'acceptation de la douleur, la non-

résistance, le courage et l'endurance font naître des sources profondes et inépuisables de bonheur réel, de véritable béatitude.

Q : Pourquoi la douleur serait-elle plus efficace que le plaisir ?

M : Le plaisir est facilement accepté alors que le moi rejette de toutes ses forces la douleur. Puisque l'acceptation de la douleur est la négation du moi, et que le moi est un obstacle sur le chemin du vrai bonheur, quand vous acceptez de tout votre cœur la douleur, vous ouvrez les vannes au bonheur.

Q : L'acceptation de la souffrance agit-elle de la même façon ?

M : Il est facile d'amener la douleur au centre de la conscience. En ce qui concerne la souffrance, ce n'est pas aussi simple. Il ne suffit pas de se concentrer sur la souffrance car la vie mentale, telle que nous la connaissons, est un flot continu de souffrance. Pour atteindre les couches profondes de la souffrance, il faut parvenir à ses racines et mettre à nu le vaste réseau souterrain où la peur et le désir sont étroitement mêlés, où s'opposent, s'entravent et se détruisent l'un l'autre les courants d'énergie de la vie.

Q : Comment pourrais-je démêler un écheveau qui se situe entièrement au-dessous du seuil de la conscience ?

M : En étant avec vous-même, avec le « Je suis », en vous observant dans votre vie quotidienne avec un intérêt vigilant, dans l'intention de comprendre plutôt que de juger, dans l'entière acceptation de ce qui peut émerger parce que c'est là que vous encouragez le fond à venir à la surface et vous enrichissez votre vie de ses énergies captives *. (23)

Sri Nisargadatta Maharaj

---

* Au début du texte, Maharaj parle de la souffrance en général. C'est seulement dans la deuxième partie de sa réponse, où les questions de son interlocuteur deviennent plus précises, que la distinction entre douleur physique et souffrance morale devient explicite.

Notre être exige toujours de nous l'acceptation de la vie totale, telle qu'elle se présente, avec sa douleur et sa souffrance ; et faisant fi de nos aspirations étroitement égoïstes, il ne tolère aucun repos, aucun arrêt ; bien au contraire, il exige que nous soyons toujours prêts à dépasser le devenu, et même prêts au lâcher-prise, à accepter la mort. (6)

Karlfried Graf Dürckheim

Lorsque nous vieillissons, nous commençons, d'une façon ou d'une autre, à demander : « Quel est le sens de la vie ? » On pourrait dire : « Qu'est-ce qui n'est pas le sens de la vie ? Tout est vie. » Toute la question est de lâcher tous les points de repère, toutes les conceptions concernant ce qui est ou devrait être. Il devient alors possible de faire directement l'expérience des phénomènes, uniques et vifs. Un espace formidable s'offre à l'expérience des choses, ce qui permet à l'expérience de se produire et puis de disparaître. Le mouvement s'insère dans un vaste espace. Tout ce qui survient, plaisir et douleur, naissance et mort et ainsi de suite, est expérimenté dans sa pleine saveur, sans interférence. Que cela soit doux ou amer, on en fait complètement l'expérience, sans couverture philosophique ni interprétation émotionnelle qui rendent les choses aimables ou présentables.

Nous ne sommes jamais piégés dans la vie, car elle nous offre de constantes occasions d'exercer notre créativité, des défis qui nous provoquent à l'improvisation. Ironiquement, si nous voyons clairement, si nous reconnaissons notre absence d'ego, nous découvrirons peut-être que la souffrance recèle la félicité. (5)

Chögyam Trungpa

Gurdjieff disait à Fritz Peters quand il était enfant :

Dans ton pays, vous croyez que la vie est seulement pour le plaisir. Vous avez une expression quelque peu naïve, « la recherche du bonheur », qui montre que vous ne comprenez pas le sens de la vie. Le bonheur n'est rien, c'est seulement le contraire du malheur. Mais dans ton pays, presque dans le monde entier, les gens ne recherchent que le bonheur. Beaucoup d'autres choses sont aussi importantes. PAR EXEMPLE, LA SOUFFRANCE EST AUSSI IMPORTANTE PUISQU'ELLE FAIT PARTIE DE LA VIE. SANS LA SOUFFRANCE, L'HOMME NE PEUT PAS SE DÉVELOPPER. Mais maintenant, lorsque les gens souffrent, ils ne pensent qu'à eux, ils voudraient ne pas souffrir parce que c'est déplaisant, ils veulent échapper à ce qui leur cause de la douleur. Maintenant, lorsque l'homme souffre, il a seulement de la pitié pour lui-même. Mais un homme véritable n'agit pas ainsi. L'homme véritable est parfois parfaitement heureux, MAIS LORSQU'IL EST MALHEUREUX IL N'ESSAIE PAS D'ÉCHAPPER AU MALHEUR. IL L'ACCEPTE PARCE QU'IL SAIT QUE CELA FAIT PARTIE DE SA VIE. Tu dois souffrir pour apprendre la vérité sur toi-même, tu dois apprendre à ne pas refuser le malheur. Lorsque le malheur se présente, l'homme doit l'accepter *volontairement*, et il doit l'accepter de tout son être. Il doit espérer que cette souffrance sensibilisera plus profondément sa conscience, l'aidera à comprendre. (20)

GURDJIEFF

La petite histoire zen suivante illustre la nécessité d'expérimenter entièrement les polarités inhérentes à l'existence :

> Un moine demandait à Tun Shan : « Quand l'hiver glacé et l'été torride arrivent, comment peux-tu les éviter ? » Tun Shan répondit : « Pourquoi ne fuis-tu pas vers un endroit où il n'y a ni hiver glacé, ni été torride ? » Le moine demanda ensuite : « Où est cette région sans hiver ni été ? » Tun Shan répondit : « Le maître gèle en hiver, il est mortellement brûlé en été. » (21)

Dépasser le point de vue pragmatique de la souffrance

Il peut être bon de réfléchir au sens de la souffrance dans nos vies mais dans la souffrance qui nous échoit quotidiennement, il faut aller au-delà de ces considérations générales. S'appesantir sur la signification de la souffrance au moment où on la ressent peut en effet constituer une fuite de la réalité aussi subtile qu'efficace. C'est pourquoi il est nécessaire de parvenir à une acceptation pure des faits, sans justification d'aucune sorte. L'attitude sobre qui consiste à accepter ce qui est simplement parce que *cela est* est de toutes les approches la plus métaphysique.

Cette formulation, dont la simplicité fait penser à première vue à une tautologie, est en vérité la plus haute, celle qui transcende tous les points de vue. Une réflexion sur l'utilité de la souffrance constitue une approche intellectuelle qui doit être dépassée pour accéder à l'acceptation directe, dans l'instant et sans imagination. On évite ainsi la compensation intérieure qui est illusion.

Simone Weil, toujours fidèle à l'exigence de sa démarche intérieure, dépasse précisément le point de vue « utilitariste » de la souffrance et accède à une acceptation totalement purifiée :

> Je ne dois pas aimer ma souffrance parce qu'elle m'est utile mais parce qu'elle *est*.
>
> Il n'y a pas de sentiment de réalité sans amour.
>
> Il faut accepter tout, toutes choses, sans aucune exception, en soi et hors de soi, dans tout l'univers, avec le même degré d'amour.
>
> Plénitude de joie : cela *est*. Sentiment de réalité ; rien autre chose.

Le souci d'expérience directe du réel continue de percer chez Simone Weil même quand elle emploie une formulation chrétienne :

> Il faut aimer tous les faits non pour leurs conséquences, mais parce que dans chaque fait Dieu est là.
>
> On ne doit pas dire que Dieu veut la souffrance d'un saint en vue de son progrès vers la perfection, mais : il veut sa souffrance, et il veut son progrès, et il veut la liaison entre les deux — et une infinité d'autres liaisons encore.

Rien ne peut compenser une seule larme d'un enfant. Et pourtant accepter toutes les larmes, et les innombrables horreurs qui sont au-delà des larmes. Accepter ces choses non pas en tant qu'elles comporteraient des compensations, mais en elles-mêmes. Accepter qu'elles soient simplement parce qu'elles sont.

Non pas accepter tel événement parce que c'est la volonté de Dieu. (...) Accepter tel événement parce qu'il est, et par l'acceptation aimer Dieu à travers lui.

Accepter qu'il soit, parce qu'il est, qu'est-ce que cela veut dire ? N'est-ce pas simplement reconnaître qu'il est ?

La joie accroît le sentiment de réalité, la douleur le diminue. Il s'agit seulement de reconnaître la même plénitude de réalité dans les douleurs que dans les joies. La sensibilité dit : « Ce n'est pas possible ». Il faut répondre : Cela est. Elle dit : « Pourquoi cela ? ». Il faut répondre : Parce que cela est ; si cela est, cela a une cause.

La nécessité est le voile de Dieu. (1)

Simone Weil

EN GUISE D'ÉPILOGUE...

Il y a quelques années, lors d'un séjour en Inde, j'assistai dans un ashram à une conversation entre deux Européens. Le premier, disciple d'un très grand sage hindou, sachant que le second suivait un chemin spirituel différent du sien, lui demanda en quoi consistait sa voie. Ce dernier lui répondit qu'il s'agissait uniquement « d'être un avec ce qui est » en toute circonstance. Le disciple lui dit alors : « Si c'est le début et la fin de ton chemin, je crains que tu n'ailles pas très loin... » Cet ouvrage aura rempli son office s'il a pu montrer au lecteur que l'application méthodique et constante de l'acceptation peut au contraire nous mener aux plus hauts sommets.

Un enseignement aussi simple peut-il vraiment conduire à l'Absolu ? C'est ici le lieu de rappeler la parole de Jules Romains : « Ce qu'il y a de plus fort au monde est de penser avec énergie et actualité les très vieilles vérités dont l'homme ordinaire s'est fatigué ». (1) Simone Weil dit également : « NON PAS COMPRENDRE DES CHOSES NOUVELLES, MAIS PARVENIR À FORCE DE PATIENCE, D'EFFORT ET DE MÉTHODE À COMPRENDRE LES VÉRITÉS ÉVIDENTES AVEC TOUT SOI-MÊME. » (2)

Quand l'homme, par une adhésion permanente, un oui constant aux choses, est devenu un avec tout, qu'il a ainsi aboli la distinction entre lui et l'univers, quand il est tout, quand tout est lui, n'a-t-il pas atteint l'Ultime ?

Références du chapitre
SOUFFRANCE ET PLÉNITUDE DE VIE

1) Simone WEIL, *Cahiers*, t. II. Plon, pp. 278, 225, 115, 193, 227, 252, 64.
2) KRISHNAMURTI, *Face à la Vie*. Adyar, pp. 134-135. Traduit de l'anglais par Carlo Suarès.
3) J. ANCELET-HUSTACHE, *Car ils seront consolés*. Seuil, « Livre de Vie. »
   — Lamennais (1782-1854), p. 57.
4) UN CHARTREUX, *Amour et Silence*. Seuil, « Livre de Vie », pp. 141 et 154.
5) CHÖGYAM TRUNGPA, *Le Mythe de la liberté*. Seuil, « Points Sagesses », pp. 26, 21, 28 et 29.
6) K. G. DÜRCKHEIM, *La Percée de l'Être*. Courrier du Livre, pp. 61, 44, 45, 18, 19.
7) ANOUAR EL-SADATE, *A la recherche d'une identité*. Fayard, pp. 128, 119.
8) Eva de VITRAY-MEYEROVITCH, *Anthologie du soufisme*. Sindbad/Islam.
   — Djami, pp. 128, 127.
9) R. M. RILKE, *Lettres à un jeune poète*. Grasset, pp. 96 à 98 ; 92 à 96. Traduites de l'allemand par B. Grasset et R. Biemel.
10) KHALIL GIBRAN, *Le Prophète*. Casterman, pp. 52-53, 30-31.
11) Pasteur Marc BOEGNER, *Le Chrétien et la Souffrance*. Berger-Levrault, 1955, pp. 43, 125.
12) Swâmi RAMDAS, *Présence de Râm*. Albin Michel, « Spiritualités vivantes », pp. 18-19.
13) Augustin-Michel LEMONNIER, *Lumières sur l'échafaud* (Lettres de Prison de Jacques Fesch). Éditions Ouvrières, pp. 105, 109, 115, 116, 118, 119, 130.

14) Victor FRANKL, *Un psychiatre déporté témoigne*. Éditions du Chalet, pp. 166-167, 172, 139, 140, 118. Traduit de l'allemand par Édith Mora et François Grunwald.
15) Marcelle AUCLAIR, *Bernadette*. Bloud et Gay, « Livre de Vie », pp. 181-182.
16) Sainte THÉRÈSE DE L'ENFANT-JÉSUS, *Manuscrits autobiographiques*. Office central de Lisieux, « Livre de Vie », pp. 22, 95, 243, 254.
17) Maurice BLONDEL, *Carnets intimes (1883-1894)*. Éditions du Cerf, pp. 506, 531, 528.
18) R. SRINIVASAN, *Talks with Swâmi Prajnanpad*. Bharatiya Vidya Bhavan, p. 23. Adresse : Kulapathi. K. M. Munshi Marg. Bombay, Inde, 400 007.
19) Arnaud DESJARDINS, *A la recherche du Soi*. La Table Ronde, pp. 290 à 294.
20) Fritz PETERS, *Mon enfance avec Gurdjieff*. Stanke, p. 151.
21) CHANG CHEN-CHI, *Pratique du zen*. Buchet-Chastel, page 23.
22) Catherine BAKER, *Les Contemplatives, des femmes entre elles*. Stock, page 260.
23) Sri NISARGADATTA MAHARAJ, *Je Suis*. Les Deux Océans, pp. 294-295.

Références de

EN GUISE D'ÉPILOGUE...

1) Louis PAUWELS, *L'apprentissage de la sérénité*. Éditions Retz.
  — Jules Romains, page 179.
2) Simone WEIL, *La Pesanteur et la Grâce*. Plon, page 134.

TABLE

Première partie

LA NON-DUALITÉ MÉTAPHYSIQUE

LA NON-DUALITÉ : DOCTRINE UNIVERSELLE	13
NON-DUALITÉ ENTRE L'HOMME ET LE MONDE	18
NON-DUALITÉ ENTRE L'HOMME ET DIEU	19
NON-DUALITÉ ENTRE DIEU ET LE MONDE	26
L'UNIQUE RÉALITÉ	30
VOIES DUALISTES ET NON DUALISTES	31

Deuxième partie

LA NON-DUALITÉ DANS LA VIE QUOTIDIENNE

Enseignements contemporains :

LE RÉÉL	48
LA LIBÉRATION PAR LA CONNAISSANCE	75
LE « MATÉRIALISME SPIRITUEL »	78
TOUT EST ENSEIGNEMENT	81

Voies religieuses :

LA VOLONTÉ DIVINE	99
LES ORDRES MONASTIQUES ET L'OBÉISSANCE	113

HISTORIQUE DU THÈME DE LA SOUMISSION À LA VOLONTÉ DIVINE DANS LE CHRISTIANISME 118
SOUMISSION À LA VOLONTÉ DIVINE DANS L'HINDOUISME ... 136
SOUMISSION À DIEU DANS LES MONASTÈRES CHRÉTIENS DE NOS JOURS 137
MYSTIQUES ET SAGES 141

Epictète et le stoïscisme :
LE BONHEUR 148
LA LIBERTÉ 152
LE DÉFI DES OBSTACLES 154
LA PROVIDENCE 157
MARC AURÈLE 159

L'instant présent :
L'ACCEPTATION ET L'INSTANT PRÉSENT 164
LA VIGILANCE ET L'INSTANT PRÉSENT 171
NOTRE MONDE INTÉRIEUR 173

Souffrance et plénitude de vie :
LA SOUFFRANCE 180
VIE TOTALE 198

En guise d'épilogue... : 210

Aubin Imprimeur
LIGUGÉ, POITIERS

Achevé d'imprimer en mars 1987
N° d'édition 2362 / N° d'impression L 22931
Dépôt légal, avril 1987
Imprimé en France